一本万利的
英吉利

顾　问

孔繁刚　孟钟捷

主　编

姚　虹

本册主编

庄晶晶　李怡婷

本册编著

庄晶晶　李怡婷　田　欣

杨好环　张其中　邵有益

华东师范大学出版社

图书在版编目(CIP)数据

　　一本万利的英吉利/姚虹主编. —上海:华东师范大学出版社,2020

　　(历史课堂中的走向现代系列)

　　ISBN 978 - 7 - 5760 - 0093 - 1

　　Ⅰ.①一… Ⅱ.①姚… Ⅲ.①英国－近代史 ②英国－现代史 Ⅳ.①K561.4

中国版本图书馆 CIP 数据核字(2020)第 045608 号

历史课堂中的走向现代系列

一本万利的英吉利

丛书主编	姚　虹
本册主编	庄晶晶　李怡婷
策划编辑	李　雯
责任编辑	许　梅
责任校对	时东明
装帧设计	刘怡霖

出版发行　华东师范大学出版社
社　　址　上海市中山北路 3663 号　邮编 200062
网　　址　www.ecnupress.com.cn
电　　话　021 - 60821666　行政传真 021 - 62572105
客服电话　021 - 62865537　门市(邮购)电话 021 - 62869887
地　　址　上海市中山北路 3663 号华东师范大学校内先锋路口
网　　店　http://hdsdcbs.tmall.com

印 刷 者　浙江临安曙光印务有限公司
开　　本　787×1092　16 开
印　　张　11
字　　数　168 千字
版　　次　2020 年 6 月第 1 版
印　　次　2020 年 6 月第 1 次
书　　号　ISBN 978 - 7 - 5760 - 0093 - 1
定　　价　38.00 元

出 版 人　王　焰

(如发现本版图书有印订质量问题,请寄回本社客服中心调换或电话 021 - 62865537 联系)

总　序

历史学是一门时间科学。它致力于探求时间的奥秘,尤其是历时性发展的轨迹。以书写者本人所处时代来回溯过往,并根据人为挑选的几个因素来限定时段数量及其特征,这是中外史学熟稔于心的写作技巧。尽管如此,人们耳熟能详的"古代—中世纪—近现代"的时段划分却是 17 世纪才出现的一种历史意识。就此而言,有关"近现代"的时间感正是人类世界跨入近现代后的一种产物。

这种时间感首先出现在西欧和北美。由文艺复兴带来的变革意识及其成果,让一批知识分子在"复古"的标签下感受到有别于此前时代特征的重要元素,"今胜于昔"的意识开始取代流行的循环史观。接踵而至的启蒙运动及法国大革命、美国独立战争迅速在思想和政治领域纳入了大量此前未曾有过的观念。与此同时,英国兴起的工业革命不仅改变了基本生产方式和内容,也宣告农业社会的历史经验不再有效。在科泽勒克(Reinhart Koselleck)所谓的"鞍型期"(约 1750—1850 年),大量新概念的引入和使用,让人们形成了新的未来图景,并由此催生了进步主义的激情,推动着西欧北美的模式向全世界扩展。

直至 20 世纪五六十年代,这种模式才最终被命名为"现代化"。它看上去为西方社会之外的各国提供了一种告别过去的标准模式,如政治民主化、经济市场化、社会城市化、文化理性化等。这种"现代化"理论还设计了一套从准备到起飞直至稳定的进阶方案。在过去几十年间,"现代化"已成为不少国家和地区所确立的发展前景。我国在 20 世纪五六十年代同样提出了实现"四个现代化"的目标。

当然,成为"现代国家"不是一个能够被轻易拒斥的理想目标;向那些"现代"国家学习,同样看上去是一种急迫而必要的行动。但即便如此,有关"现代化"理论在历史叙述中的运用,在国内外学术界也受到了一些批评。在我国,罗荣渠先生及其弟子们作出了巨大努力。他们提示后来人在使用这一理论时,至少应该注意到以下四个方面:

第一,所谓"西方经验"并不存在共同模式。不仅中欧(德国)与西欧(英、法)的发展路径不同,英、法之间历史演进也多有差异。这种"同时代的不同时代性"表明,并非所有地区都以同样速率在共同时间点上跨入了人类世界的"近现代"。一套西方标准不免挂一漏万。

第二,所谓现代化起飞的"自主模式"忽视了资本主义世界体系提供的不平等结构。19世纪既是西欧北美各国快速实现现代化的黄金百年,又是它们在世界各地抢夺殖民地建立霸权的疯狂时期。在这些"现代"国家的世界分工方案上,其他国家或地区被迫停留在"前现代"或"初步现代化"的水平上。由此,非西方国家的"现代化"之路注定面临更多挑战。

第三,所谓"现代化"的转型描述过于简单。传统与现代之间的过渡绝不是一分为二式的跳跃。即便在那些率先实现现代化的国家中,我们仍然能够发现一条曲折往复的轨迹。"向何处去"的问题不断出现在各国现代化进程的各个节点。

第四,所谓"现代化"的终点应与时俱进。不可否认,"现代化"理论是在冷战格局下颇具意识形态色彩的舆论工具,一些标准明显是以当时西方社会的模样来制定的。然而即便在西方社会,最近半个世纪的发展也让这些标准遭遇挑战,如阶层流动固化、逆城市化等。在这一点上,回到马克思所追求的"人的解放",或许才可被视作人类社会现代化的终极目标。

基于这些认识,我们在描述世界历史发展进程时,主张用整体化和多样性的二元统一理论来认识人类社会的现代转型路径。所谓"整体化",指的是世界连成一体的过程。它承认部分地区以殖民主义方式来攫取资源,并导致各地区发展的不平衡性,以至于迄今为止的世界体系依然显露出不公正的特点。尽管如此,先发展地区的历史经验和教训仍然是后发展地区足以借鉴的对象,它们在形成全球治理机制方面的探索和实践值得人们持续关注。所谓"多样性",既指各地区现代转型的多样路径,也指当下现代化模式的多种类型。所有关于"过去"的现代化进程描述,都应被置于通往"人的解放"这一最终目标的框架内得到平等审视。

自现代历史学诞生以来,研究、教育和传播就是三位一体的学科使命。有关现代化路径的整体化与多样性的认知,必定需要通过历史教育的方式传递给年轻一代。德国历史教育学家沃尔夫冈·雅克布迈尔(Wolfgang Jacobmeyer)曾这样写道:"(历史教科书)传递了一代成年人的历史理解、价值观与趋于稳定的意愿及其对未来的基本态度……我们在其中保存的不是个人的社会-政治自传,而是集体性的社会-政治自传。教科书的构成连带着同时代人占据主导的心灵。它或明或暗地表明社会对于世界和我们历史的一种'正确'想象。"

正是由于中国近现代历史的曲折复杂,与其他国家相比,我国的中学历史教育更愿意关注并总结其他国家现代化发展路径的特征、优势与问题,以此来为我们顺利完成现代转型并真正实现"人的解放"而做好历史意识的培育工作。这种对于其他国家现代化之路的关注,一直可追溯到 20 世纪之初的历史教育。特别是本系列丛书涉及的六大强国(英国、法国、美国、德国、俄国、日本),几乎出现在中国各版历史教科书里。

当然,历史教科书不是专著,有关这些国家的现代化路径之描述也往往言简意赅。一线教师和学习者急需一些充分反映学界研究动态,且提供丰富史实的历史读本。正是在这一点上,本系列丛书是顺应时代需求的公共历史产品。它们是由孔繁刚、姚虹两位上海市历史特级教师领衔的团队完成的。孔繁刚老师是上海的资深历史特级教师,对六国现代化道路拥有深刻的认知与反省。整套丛书的基本框架便是由孔老师确定的,其概括能力与提炼意识可见一斑。姚虹老师具体负责编写工作,并组织了多场课程展示与学术研讨。这套丛书可被视作 21 世纪前二十年上海优秀中学教师在历史教育领域内的重要结晶。

在这套丛书的编写过程中,笔者及华东师范大学历史教育比较研究中心的师生们相继参与过主旨讨论、资料收集等工作,深深为孔繁刚、姚虹两位老师及其团队的历史教育理念和社会责任心所折服。在当下世界格局不断变动的情势中,对于他者历史的认知和理解,必将成为中学历史教育的核心使命之一。

是为序。

孟钟捷

华东师范大学历史系教授

2020 年初春,三省斋

目 录

概述 001

第一章　国王、议会与政党 003

第一节　传统王权 004

第二节　议会崛起 009

第三节　王在议会 020

第四节　政党成长 033

史学动态 040

教学撷英 049

第二章　变革世界的引擎 055

第一节　为什么是英国？ 056

第二节　那些人、那些事 061

第三节　"最好的"和"最坏的"时代 069

史学动态 076

教学撷英 084

第三章　光荣与梦想　091

第一节　维多利亚时代　092
第二节　自由帝国主义　100
第三节　帝国的扩张　106
第四节　盛极而衰的帝国　114
史学动态　124
教学撷英　129

第四章　"从摇篮到坟墓"　137

第一节　追根溯源　138
第二节　战后"新英国"　143
第三节　福利制度改革　149
史学动态　153
教学撷英　159

主要参考文献　165

概　述

人类"走向现代"的历程不过就是 500 年左右的历史,但在这一段人类历史中,却涌现出一批对推动世界文明进步作出卓越贡献的国家。放眼世界,西欧、北美率先向现代社会转型。而英国,这个无论从人口数量还是从国土面积来看都称不上"大"的国家,却第一个凭借新的制度文明,开始了以工业化为推力,由传统农业社会向现代工业社会的转变,将工业主义逐渐渗透到政治、经济、思想、文化等领域,并引发深刻变化。大英帝国首先敲开了通向现代世界的大门,成为傲视全球的"日不落帝国"。

英国在走向现代的过程中有几个创新:

英国是世界上第一个建立起现代政治体制——君主立宪制的国家,也最早出现了具有现代意义的政党政治。

英国是世界上第一个发生工业革命的国家,率先进入工业化社会。工业革命不仅是新的生产力,而且缔造了新的社会和新的文化。英国由此引领世界各国向现代工业社会转变。

英国在工业革命中,逐渐废弃了中世纪封建福利以及早期资本主义社会福利的弊端,最早建立了适合工业社会、有利于资本主义发展的社会福利制度。

15 世纪以后,英国凭借它的工业力量,把触角伸向世界。经济上,进行纯粹掠夺的同时,也注重生产性的开发,重视殖民地的商业价值。政治上,实行殖民统治的同时,也部分推行殖民地自治,缓和与殖民地的矛盾。这些造就了独特的"日不落帝国"。

历史证明,谁能够做到制度创新,谁就能走到潮流的最前面。因此,我们在介绍近代英国崛起的历史过程时,选取"现代君主立宪制国家的诞生""现代工业国家的诞生""现代殖民国家的诞生""现代福利国家的诞生"这四个角度来考察英国如何凭借新制度、新文明,从一个小小的岛国变成现代世界的领头羊。

第一章
国王、议会与政党

英国近代政治制度发展的历史，就是议会逐渐取代国王统治国家的历史，是政党在其内部起源、成长的历史，是内阁对议会负责之原则产生、发展直至确立的历史。

在早期英国历史中，不论是遵循古老传统的"习惯法"，还是体现国家政治生活重要力量的"贤人会议"，都反映出王权力量微小时代的风貌。此后，随着封建制度的建立、封君封臣之间契约关系的确立，《大宪章》、议会政治、习惯法体系起源基础的形成，权力分割和制约的宪政精神也初步显现。

1640年，英国爆发革命，最终颁布《权利法案》，国家权力从国王手中转到了议会手中，确立了议会权力高于王权的政治原则，奠定了君主立宪制的基础。1714年，英国宪政进入新的发展时期，出现了议会责任制政府，国王权力逐渐淡出。自1832年以来，英国进行了三次议会改革，确立了自由、平等、普遍的选举制度。政府通过政党控制议会多数，并让议会制定符合政府愿望的法律。

总体而言，英国政治制度的发展既可以看作是君主立宪制、内阁制、议会选举制的不断完善，也可以看作是国家权力重心由君主转移到议会、由议会转移到人民的过程。

第一节 传统王权

英国早期的政治制度是贵族民主制,后来逐步发展为以土地分封为基础的封建制度。英国早期的政治制度为什么会发生这样的变化呢?

一、"盎格鲁人的土地"

英国,虽然是欧洲国家,但与欧洲大陆隔海相望,目前有记载的其最古老的名称为"阿尔比恩",是拉丁文"白色"的意思。英国最早的居民是古代伊比利亚人。1世纪罗马人征服不列颠时,他们所见到的就是说克尔特语的不列颠土著居民。也有资料表明,岛上的早期居民被称为"布列吞人",这是"不列颠"这个词的由来。直到日耳曼民族中的盎格鲁人和撒克逊人来到这个岛上之后,才逐渐出现"英格兰"这个词。"英格兰"的意思就是"盎格鲁人的土地"。

当盎格鲁-撒克逊人入侵并占领这块土地之后,社会中最强有力的人际关系就是国王(部落首领)与亲兵间的主从关系。首领通过赏赐战利品吸引亲兵紧随其后,而亲兵因首领的慷慨和权势效忠,四处征战。"战争"与"胜利",成为"王"国生存的不二法则。在英雄主义的文化影响和掠地劫物的物质刺激下,盎格鲁-撒克逊人不断地扩大地盘、发展势力。到7世纪,盎格鲁-撒克逊人已经在不列颠岛建立了许多国家,其中重要的有7个,分别是麦西亚、西撒克逊、南撒克逊、东撒克逊、东盎格鲁、肯特和诺森伯利亚,这一时期在历史上被称为"七国时代"。从731年到829年将近一个世纪的时间里,七国一直处于混战中。8世纪中叶,麦西亚国王奥法即位后自称"英格兰国王",这是英国历史上第一位称英格兰国王的君主。奥法和欧洲大陆的查理曼大帝是同时代的人,查理曼宫廷的编年史家这样评价奥法:"他是不列颠的光荣、对付敌人的刀剑。"

10世纪上半叶,是英格兰君主制建立的重要时期。虽然早期盎格鲁-撒克逊的军事首领们牢牢掌控着这片土地,但罗马文明和基督教文明已经浸润了这块蛮荒之地。基督教的加冕仪式使这些军事首领成为了上帝的代表,成为拥有忠诚官吏的君王。君王有征收赋税权、司法管理权等。不过,国王在处理重大事务时还是常常会召集"贤人会议"。"贤人会议"可讨论各种重大事务、发布法令和签订契约，甚至还有权推举王位继承人，而在当时，长子继承制已逐渐稳定。"贤人会议"既是国王的助手，又是王权的制约者，并保存了群体表决、多数通过的原则。从931年开始，"贤人会议"被逐渐固定下来，成为英格兰国家政治生活中的重要力量。

在经历了七国之间的长期混战后，英格兰统一的趋势日渐明显。但来自北欧的维京人的入侵延缓了英格兰统一的进程。978年，13岁的埃塞列德即位。由于他软弱无能，丹麦人斯韦恩在1013年带兵大举进军英格兰，迫使整个英格兰承认他的王权。1014年，斯韦恩暴毙，英格兰贵族将在诺曼底宫廷避难的埃塞列德接回英格兰。两年后，埃塞列德死于伦敦，其子艾德蒙继位，但新王执政不到一年便去世了。

混乱不堪的英格兰需要一个强有力的国王。1016年，斯韦恩的另一个儿子克努特被宣布为英格兰国王。登基后，他将英格兰诸王国划为四个伯爵国，后世史家因此称他为"真正统一英国的第一人"。1042年，王位被传给"虔信者"爱德华，丹麦人在英国的统治结束了。

历史之音

凯撒对公元前56年罗马人入侵不列颠的描述：

所有舰只都在正午时到达不列颠，但敌人却一个都不见。（凯撒）后来才从俘虏口中得悉，虽然敌人在那边集中了大批军队，但看到我军来了这么多舰只——连去年原有的，以及私人为了自己方便而造的在内，总数在800只以上——吓得撤离海岸，躲到较高的地方去了。

——凯撒《高卢战记》

无论罗马人处于何种经济和政治动机，他们在很大程度上是传播"文明"。

——阿萨·勃里格斯《英国社会史》

塔西佗评论罗马人在不列颠的统治：

促使一个迄今因分散、野蛮而崇尚武力的民族突然间心甘情愿地变得平和、安闲起来。

——转引自钱乘旦、许洁明《英国通史》

英雄史诗《贝尔武甫》中描述，当英雄贝尔武甫除妖归来后，"王"海格拉克回报给他的是土地、宅邸和官职。"王"国生存的关键在于部族首领和亲兵们通过战争寻求战利品的能力，因此，对"王"的背叛意味着亲兵身份及其利益的永久丧失。折射出那个时代的价值观念"世上人人经生死，留取英明警后世"。

——整理自《贝尔武甫》

二、"征服者"威廉

1066年圣诞节，伦敦威斯敏斯特教堂里诞生了一位新君主，后人称他为"征服者"威廉。

威廉的身世充满了莎士比亚戏剧的味道。他的父亲和母亲分别是罗伯特公爵和被罗伯特公爵拐来的农家女阿利特。私生子的身份和童年生活的艰辛使威廉养成了顽强坚韧的品格，但也造就了他冷酷多疑的性格。

1066年，"虔信者"爱德华去世，他死后无嗣。威廉提出了继承英国王位的要求。理由之一是爱德华的母亲是诺曼公爵查理一世的女儿埃玛，而威廉是查理的曾孙，有着充足的血缘基础。理由之二是爱德华在诺曼底流亡达25年，曾许诺威廉为英格兰王位的继承人。1066年圣诞节，入侵不列颠的威廉加冕，英国进入诺曼王朝。

不过威廉加冕不免有点好事多磨的味道。守在教堂外的威廉的侍卫误将加冕时人们发出的欢呼声认作骚乱时发出的叫嚣声，在慌乱中烧了周围的民房。一位诺曼底僧侣曾这样回忆那天的混乱："当火势迅速蔓延时，教堂里的人乱作一团，他们蜂拥而出，有的想去灭火，有的则想伺机抢劫。唯有僧侣、主教和几位教士留在圣坛前。他们虽然感到恐慌，却努力继续完成国王的加冕仪式，国王则浑身颤抖不止。"在惊恐和混乱中,威廉当上了国王。

加冕后的威廉一世马上面临着一个新的难题:如何能够让追随他而来的不到一万的诺曼底贵族在一两百万敌对的英格兰居民中生存下来,并巩固自己的统治。威廉决定将欧洲大陆的封建制引入英格兰。

1086 年 8 月 1 日,在英格兰南部小镇索尔兹伯里,威廉召集了所有封建主举行宣誓大会,"索尔兹伯里盟誓"诞生了。威廉强迫所有与会贵族直接向他行臣服礼并宣誓效忠。威廉的封臣往下分封时,受封者除了宣誓"因为领有您的土地我将效忠于您",还必须加上"除了效忠国王之外"这句话。这意味着威廉将欧洲大陆"我的附庸的附庸不是我的附庸"的传统变成了"我的附庸的附庸还是我的附庸"。这样一来,国王成为名副其实的最高统治者。

威廉还进一步宣称:国王是一切土地唯一和最终的所有者。威廉尽可能地将最肥沃、最广大的地块占为己有,拥有的庄园面积占到全国耕地面积的七分之一到五分之一。此外,他还据有占全国领土面积三分之一的森林。英国国王在土地占有量上的绝对优势成为了英国建立封建君主制的强大物质基础。

诺曼征服后,英国建立起当时欧洲最为强大的封建君主制,但王权还是有所限制。这表现在两个方面:一则,诺曼王朝继承了古代英国的法律习惯,并初步形成了王在法下的法治传统;二则,威廉在位期间,取消了"贤人会议",建立了"大会议"。国王的重大决策都要得到"大会议"的同意。"大会议"的存在为封建贵族提供了与专制王权斗争的有力武器,而英国议会也正是在这一躯壳中孕育出来的。

1089 年 9 月 9 日,"征服者"威廉结束了他东征西讨的一生。威廉的死和他的加冕一样充满了戏剧性。在一次战役中,他的战马受到惊吓而前蹄腾空,马鞍的前桥扎进了他的身体。几天后,他闭上了眼睛。威廉晚年时十分肥胖,当侍从们设法把他的遗体塞进石棺中时,他的腹部突然裂开来,使教堂充满了臭味。

历史之音

不列颠的文明都是外来的,外来的文明来了去,去了又来,最后积淀成一个岛国文明,积淀了不列颠民族的心态特征。

——钱乘旦、许洁明《英国通史》

1086 年,"征服者"威廉进行土地赋役调查,调查结果被戏称为《末世审判书》,这是中世纪英国最早的经济档案,也是封建制度引入英格兰的见证。中世纪早期西欧史学著作《盎格鲁-萨克逊编年史》中对这次调查作出了以下描述:

不仅一海得一弗吉脱(约 1/4 海得)的土地不能漏掉,连一只猪一头牛也逃不脱调查者的眼睛。

——《盎格鲁-萨克逊编年史》

第二节　议会崛起

《大宪章》是世界立宪制度的起点；英国议会是世界各国议会的模型。英国议会中的平民代表，更是历史上破天荒的。这些都被视为英国国民自由的起源。深深植根于传统之中的"英国自由"是如何培育出来的呢？

一、"失地王"约翰

威廉一世虽然去世了，但他为后代留下了一份厚重的遗产——盎格鲁-诺曼底二元王国。如何管理这个横跨英吉利海峡的王国是一个问题。在英格兰的威廉的子孙必须以封臣的身份到欧洲大陆和包括法国国王在内的封主们打交道、尽义务。尤其是封主们打仗的时候，不但要出兵到海峡对面，还必须承担相应的军费开支。

12世纪，亨利二世建立了金雀花王朝，他死后由其第三个儿子"狮心王"理查继承王位。理查指定其弟弟约翰为继承人，由此引起他们长兄杰弗利的儿子亚瑟的不满。亚瑟还是当时法国国王菲利普二世的女婿。菲利普二世考虑到法国领土的近一半都是诺曼领地，假如亚瑟成为国王，那这一大片领地甚至整个英格兰都可能变成法国领土。于是决定支持亚瑟成为金雀花王朝的继承人。叔侄大战的结果，约翰王获胜。约翰王不仅拥有了英格兰，还拥有欧洲大陆的诺曼、阿基坦、布列塔尼、安茹、缅因和都兰，走到了人生巅峰。但之后发生的故事却出乎所有人的意料。

约翰王婚后多年无嗣，离婚后娶了一个伯爵的女儿。这个年仅12岁的小姑娘此前已许配给了约翰王的一个封臣。封主抢封臣的未婚妻，于情于理都不合适。法王菲利普二世怂恿封臣家族与约翰王开战。约翰王虽然损失了几座城堡，但抓获了前来助阵的侄子亚瑟。亚瑟不仅不向约翰王称臣，反而要约翰王效忠自己。无奈之下，约翰王只好把亚瑟囚禁起来。但囚禁期间发生了意外，约翰王酒后杀死了亚瑟并抛尸野外，还虐待被俘的贵族，致使其中的21人被饿死。

亚瑟的死,使法王菲利普二世拥有了发动战争的理由。约翰王的残暴行为也激起了欧洲大陆贵族们的强烈愤慨。一场战争不可避免地爆发了,约翰王丢失了自己的土地不说,还连累许多英国贵族一起失去了在法国的大片领地。1205年的6月23日,约翰王丢掉了在欧洲大陆的最后领地夏农城堡,成了一位真正意义上的"英格兰王",这是自"征服者"威廉之后第一次出现这样的状况。

被反败为胜欲望冲昏头脑的约翰王为了筹集战争资本,任意增加税收:16倍的兵役免除税,100倍的贵族封号和领地的继承税,双倍的动产税。他还把手伸向教会贵族。据统计,仅1209—1211年,约翰王就从教会中掠夺了2.8万英镑的财富。进口货物税额的增加连带着国内的牛、羊和小麦价格上涨,使得英格兰出现了历史上第一次有记录的通货膨胀。约翰王的这些行为极大地破坏了国王与贵族间不成文的规定,骑士们终于对他丧失了信心。

历史之音

亨利二世无疑是欧洲最大的君主,……他在英格兰的身份尽管是国王,但在欧洲大陆各领地的身份只是法兰西国王的封臣。这样,大帝国的存在依赖于他个人的政治能力,只有他个人迅速往返于英格兰和大陆间的奔波才能维持帝国的统一,所以传说亨利二世只有在吃饭、睡觉和开会时才坐下来,而且他在南汉普顿总有一支随时待发的大帆船。

——钱乘旦、许洁明《英国通史》

国王不应服从任何人,但应服从上帝和法律,因为法律创造了国王,国王必须遵守法律。

——13世纪英国法学家布莱克顿

下图为报告国王约翰死讯的手稿一角,倾斜的王冠和倒置的皇家盾徽表达了一种蔑视。

二、《大宪章》

1215 年 1 月,约翰王拒绝了贵族们以武力相要挟提出的"恢复爱德华国王的良好法律和亨利一世的特许状条款"。贵族们于是宣布解除对约翰王的效忠义务。约翰王无法招架,只好妥协,宣布接受贵族们的全部要求。1215 年 6 月 15 日,双方在英格兰泰晤士河畔的一块草坪上签署了一份文件,对国王权力进行约束。这一文件就是闻名遐迩的《大宪章》。

《大宪章》共 63 款,通过具体陈述习惯法律的形式详尽规定了国王在封建规范下可以做什么和不可以做什么,并全面承认了封臣的权利。《大宪章》包含了后来议会制所具有的一些实质内容,如议会的征税权,国民的政务参与权、监督权以及"国民自由"观念等。它以成文文件的形式迫使国王接受并宣告了一条原则——王权有限,法律至上。因此,《大宪章》是英国国王政治权力受到限制的开始,也成为此后英国宪法政治发展的一个起点。

1258 年,英国贵族提出了以重申《大宪章》基本原则为核心内容的《牛津条例》。该条例还规定,以大贵族为主体组成专门管理国事的"十五人委员会",国王治理国家时必须听取委员会的意见;官员每年向委员会述职,由委员会决定其去留;每年定期召开三次大议事会,未经大议事会同意,国王不得随意支配土地,不能决定发动对外战争。从这些内容上我们可以看出,大议事会已经获得了相当的权力,很多时候国王也不能凌驾于其上。

《大宪章》，1215年（一说1213年）英王约翰被迫签署的宪法性文件。《大宪章》全文共63条。有许多内容是保障封建贵族权益的。第12、14条规定贵族在何种情况下应纳协助金和盾牌钱，并说明如无他们同意，不得再额外加征。第34条规定今后不再发出强制转移土地争执案件至国王法庭审讯的令状，以免使封建主的此项司法权利遭受损害。第61条规定由25个大封建主监督《大宪章》的执行，如发现国王有违反情况时，他们可使用包括武力在内的各种手段胁迫他改正，这就使封建内战取得合法地位。英国资产阶级革命时，资产阶级赋予《大宪章》以新的意义，用以反对封建专制王权。

——摘编自齐延平《自由大宪章研究》

你们给我加了25个太上皇！

——约翰王签署《大宪章》时的愤怒叫嚣

经过《大宪章》和《牛津条例》的签订，凡国事应该交大议事会讨论，国王和贵族间应该有一种有效的合作方式，这两点已在英格兰人的心中生了根。

——钱乘旦、许洁明《英国通史》

有人说亨利二世时期是英国法治的开端，其实不然，《大宪章》才是国王受法律约束的开始，这是前所未有的。

——丘吉尔

三、"西蒙议会"和"模范议会"

《大宪章》和《牛津条例》的实行使得国王与贵族之间经常发生大大小小的矛

盾。1262年,亨利三世决定取消《牛津条例》等法令,迫使贵族们以军事行动作出回应。在这场国王与贵族的争斗中,以西蒙为首的贵族集团成了英格兰的实际统治者。西蒙建立"九人委员会"作为最高权力机构,并希望通过大议事会来统治英格兰。1264年和1265年,他两次召开会议,史称"西蒙议会"。在1265年的会议中,社会地位低下的市民阶层第一次被允许选出代表参加会议。

在英国贵族反抗王权和争取参政权的斗争中,大议事会的政治机构性能日益增强。英国社会对王国议事机构逐渐有了新的认识,大议事会最终改称为"议会"。事实上,"议会"一词至迟在1081年已经开始被使用,在1217年前后已出现在编年史中。1236年,在官方文件中正式出现了"议会"一词。1237年开始,政界人士把大议事会的全体会议称作"议会"。

13世纪后期,国王爱德华一世决定借助议会力量打击贵族,解除其对王权的威胁。爱德华一世吸收更多市民阶层代表参与到议会中来,通过市民阶层力量的不断扩大来"稀释"贵族的权力。1295年,爱德华一世召开了一场由贵族、教士、骑士以及市民四个阶层共同参加的会议。在这次会议中,骑士和市民成为议会的正式代表,为后来"下院"的出现奠定了基础,因而这次会议被认为是英国议会的开端,史称"模范议会"。议会慢慢蜕变为永久性机构,拥有了批准税收、立法以及废黜国王的权力,最终演变为真正意义上的议会。

在议会中,贵族和平民由于身份不同而分头开会,逐渐出现上院和下院的分野。1343年,议会档案首次出现了关于上下两院议事的正式记录。

历史之音

13世纪是英格兰政治大发展的世纪。在这个世纪中,君主制的发展和议会的起源是互递和共生的,然而,又不完全是对立的事物。这一百年中,中世纪英格兰君主制尽管在亨利三世时代一度踉跄,但到爱德华一世时代则达到了顶峰。同样,在爱德华时代议会制度形成了。

——钱乘旦、许洁明《英国通史》

1295年爱德华一世召开议会的参会人员组成:

出席人员 400 多名,其中大主教 2 名、主教和教士 18 名、修道院长 66 名、宗教阶层首脑 3 名,还有 9 个伯爵、41 个男爵、63 个骑士和 172 个城镇市民的代表。

——整理自钱乘旦、许洁明《英国通史》

1307 年,爱德华去世时,留下了一个被战争拖累得疲惫不堪,却在他自己牢牢掌控之中的英国。他完成了先辈们构建一个高效而严密的国家行政系统的任务,把地方司法收归王室控制,建起一套完备的习惯法。更重要的是,他充实了原有的立法概念,培养了发展中的议会机构,并发现王权力量可以通过议政和协商得到加强。

——朱迪斯·M.本内特、C.沃伦·霍利斯特《欧洲中世纪史》

四、"英法百年战争"

历史的脚步迈入 14 世纪,英国的封建社会已经进入繁荣时期。英格兰国王不愿意再将自己的势力范围局限于几个海岛上,开始迫不及待地向大陆扩张。在扩张的道路上,英国碰上了法国这个强劲的对手,欧洲历史上持续时间最长的一次战争——英法百年战争爆发。

英法两国的矛盾由来已久。1154 年,安茹伯爵的儿子亨利成为英格兰国王,其家族在法国的领地也就顺理成章地转归英王名下。安茹家族是法国的豪门,英格兰国王在法国的领地的面积,居然是法王属下领土的五六倍。这让法国贵族们既咬牙切齿又无可奈何。不过随着"失地王"约翰的节节战败,英国控制的法国领土不断丧失,英王最终只能向法国国王俯首称臣。每一次法国新国王即位,英国国王都要向其宣誓效忠,这种屈辱实在让英国人刻骨铭心。

除了历史积怨之外,双方又因为加斯科涅省和佛兰德斯(一译佛兰德尔)这两块领地的归属而斗红了眼。加斯科涅省是著名的波尔多葡萄酒产地,与英格兰有着频繁的贸易往来。佛兰德斯政治上属于法国,经济上却依赖英格兰的羊毛,其经济命脉掌握在英王手中。最让法国贵族气愤的是，英国人居然念念不忘法国国王的宝座。1337年，英王爱德华三世为了在自己英格兰国王头衔之外再加上一顶法国国王的王冠，开始进攻法国北部，英法战争终于爆发。这场延续百年的战争（1337—1453）最终以英国的失败而告终。除加莱以外，英王失去了在法国的其他所有土地。

历史之音

中世纪，酒在不产葡萄的国家的食谱中所占的地位，似乎比现代更为重要。在英国、德国，尤其在尼德兰，酒是富裕阶级的普通饮料。

——亨利·皮朗《中世纪欧洲经济社会史》

13世纪，以佛兰德尔地区为中心的毛纺织业占据了欧洲地区的首要地位。一位英国人说："佛兰德尔人用英格兰的羊毛织成的呢绒温暖着世界上的所有民族。"

——詹姆斯·W.汤普逊《中世纪晚期欧洲经济社会史》

当时的英国历史学家沃尔辛厄姆根据其亲眼所见记录下以下材料：

当1346—1347年的战役结束后，英格兰的每一所住宅甚至是农民的茅屋都用从法国抢来的物品装饰得华丽起来；用从诺曼底的遭到洗劫的城市里弄来的姑娘们的嫁妆装扮起来的时髦妇女变得华贵起来；食橱里，来自法国的修道院和城堡内的餐具发着亮光；衣橱里塞满了法国生产的毛皮、丝和绸缎。

——詹姆斯·W.汤普逊《中世纪晚期欧洲经济社会史》

百年战争促使英国王室调整国策，限制外商活动，保护本国商人利益。

1390年，政府颁布针对外商的禁令，禁止外商将在英国赚得的钱携带出境，必须购买英国商品，其价值至少相当于他们进口商品的一半；1425年，英国政府又明确规定，所有外商，需在他到来之后，出卖商品之前的15天内找到自己的寄宿主，需在他找到主人之后的40天内出卖自己的商品。

——整理自利普森《英国经济史》

百年战争使英语成为民族语言。

在英格兰,他(亨利五世)不鼓励在政府和知识界中使用法语。伦敦的酿酒商从他们敬爱的国王那里得到暗示,而当他们用英语书写法令时,他们发现"我们祖国的语言,即英语,近日来已荣幸地得到扩充和修饰……而我们最美好的君主,国王亨利五世,已促使这共同的语言……通过书写练习得到赞扬"。

——肯尼思·O.摩根《牛津英国通史》

五、"红白玫瑰战争"

在英法百年战争中,英国贵族们都扩充了自己的军事力量。战争后,贵族们又企图利用手中的军事力量抢夺国家的最高统治权,最终演变为两个王室家族之间的斗争。其中,兰开斯特家族以红蔷薇为标志,约克家族以白蔷薇为标志。同为爱德华一世的后裔,这两个家族都认为自己拥有登上王位的资格。从 1455 年起,他们为争夺王位继承权进行了长达 30 多年的自相残杀,史称"蔷薇战争",又叫"红白玫瑰战争"。

约克家族于 1461 年获胜,但不久又发生内讧,贵族派别重新分化组合,政治和军事斗争更加激烈。直到 1486 年,原属兰开斯特家族的亨利七世和约克家族爱德华四世的女儿伊丽莎白联姻,贵族之间的斗争终告一段落。

"红白玫瑰战争"是英格兰宪政发展、社会变化、民族意识成长的催化剂。由于英国多数贵族都卷入了这场战争,所以当国王为额外的战争开支而召开议会,讨论批准赋税和支持战争等事宜时,势必会涉及多数人的利益,这促使议会权力结构再次发生变化。

百年战争让英国的活动范围限于不列颠岛,为组建民族国家明确了方向。玫瑰战争动摇了封建军事贵族的统治,为民族国家的建立扫除了最大的障碍。在中世纪即将结束的时候,英国封建制度的基础大大削弱了。然而,玫瑰战争留下的制度空白将会被如何填补呢?这个问题成为了英国通向现代世界的敲门砖。

历史之音

　　英国终于停止了它在法国的唐·吉诃德式的会使它继续流血的侵略战争；封建贵族在蔷薇战争中寻找补偿，也得到了更多的东西：他们互相毁灭了，都铎王朝登上了王位，权力之大超过了以前和以后的所有王朝。

——恩格斯《论封建制度的瓦解和民族国家的产生》

　　从战争的角度看，百年战争和玫瑰战争都是悲剧：百年战争以英国的惨败而告终，英国丢失了它在大陆的所有地盘；玫瑰战争在两大封建主集团之间进行，结果是两大集团都被消灭干净。但是从历史的角度看，这两次战争却都是英国的幸事：百年战争让英国退回到不列颠岛，从此它就只能按民族和地域的原则行事了，从而为组建民族国家设置了方向。玫瑰战争消灭了封建领地军事贵族，而这些人正是组建民族国家的最大障碍。

——钱乘旦、许洁明《英国通史》

六、都铎王朝

　　长达30多年的玫瑰战争结束后，出身于兰开斯特家族旁支的亨利·都铎在混战之中摇身一变成为英王亨利七世，都铎王朝的统治由此开始。

　　在都铎王朝期间，资本主义经济得到长足的发展，促使英国社会结构发生了深刻的变化。封建旧贵族无力与王权抗衡，而以乡绅为主体的新贵族逐渐成为一支举足轻重的社会力量。在新贵族和封建贵族的相互争斗中，双方呈现势均力敌的状态。在两者之间充当"表面上的调停人"的都铎王朝逐渐确立了君主专制统治。

　　到亨利八世统治时期，都铎王朝又通过自上而下的宗教改革打破了神权与王权并立的二元结构。神权服从王权、教会隶属国家的一元社会结构取而代之。

宗教改革前,英国人认为法律分两种——"上帝的法律"和"人为的法律",议会法必须与上帝的法律保持一致,否则无效。在宗教改革过程中,议会成为国王的可靠同盟和强大后盾。所有改革措施都是在议会中决定并通过议会法案付诸实施的。经过宗教改革,议会能够干预和处理宗教事务的现实得到社会的普遍认同,议会法压倒一切的至尊地位也成为社会共识。

宗教改革前,人们普遍认为议会是由僧侣、贵族和平民三部分组成的,国王不包括在内。宗教改革后,人们认为议会是由国王、上院和下院组成的。国王和议会的关系已由"国王和议会并立"变成了"国王在议会中"。亨利八世曾打过一个比喻:国王与议会的关系就像是人的头脑和躯体,是不可分割的整体。他说:"朕在任何时候都不像在议会中那样高高地位于王位之上。在这里,朕如首脑,你们(两院议员)如同四肢,我们联为一体,组成国家。"这表明,国王已成为议会的组成部分之一,与上下两院共同享有不可分割的国家最高主权,"国王在议会中"的国家主权原则形成了。虽然国王在议会中还是处于主导地位,但最高统治权只有"在议会中"才能体现出来并予以行使。

在都铎王朝时期,王权相较于前几个王朝而言是强大的,不过还不是绝对的专制。国王通过有意识地利用议会、借助议会的支持与合作不断加强和巩固王权,实现了君主专制制度的新发展。

 历史之音

王权在混乱中代表着秩序,代表着正在形成的民族而与分裂成叛乱的各附庸国的状态对抗。

——恩格斯《论封建制度的瓦解和民族国家的产生》

根据历代信史,现特郑重宣告如下:本英格兰为一主权国家,并一向为世界所承认,受一最高首脑国王之统治,他具有本主权国君王的尊严及高贵身份,受制于他并仅次于上帝之下因而应天然谦恭地服从于他的,是整个国家政治体,这个政治体由各种地位、各个等级区分为教界及俗界的全体人民所组成。……他受全能上帝的仁爱嘱托而受命有完全、绝对、全部之权力。

——1533 年亨利八世颁布的《上诉法》

　　上帝带走了亚瑟王子,而让亨利八世作为我们的国王统治整个国家,难道我们还能够比上帝更加聪明吗?

——受亨利八世资助的人文主义学者理查德·莫里森对君权神授的解释

　　亨利八世与议会携手共进,自 1529 年到 1536 年连续召开 7 次会议,通过了一系列法令,宣布英国教会不再效忠罗马教皇。其中最主要的法令是 1532 年的"首岁教捐法"、1533 年的"禁止上诉法"、1534 年的"至尊法""继承法""叛国法"和 1536 年的"反对教皇权力法"。

——钱乘旦、许洁明《英国通史》

第三节　王在议会

英国以专制王权将分裂的国家统一起来，又借助民族国家和重商主义两大利器，迅速走入欧洲强国之列。但随着詹姆士一世和查理一世即位，君主的绝对权力开始成为国家发展的绊脚石。国家要想进步就必须限制这种权力。那么，英国人又是如何克服专制王权、迈出走向近代工业强国第一步的呢？

一、　专制王权

1503 年，年方 14 岁的英格兰公主玛格丽特嫁给苏格兰国王詹姆士四世。苏格兰诗人威廉·邓伯写了《荆棘和玫瑰》一诗来庆贺此事。他在诗中神秘地预言这两个不断打仗的王国将在 100 年之后合二为一。100 年后，都铎王朝的伊丽莎白女王一世去世前，指定苏格兰国王詹姆士六世为其继承人。预言竟成现实，1603 年詹姆士六世继承英格兰王位，称詹姆士一世，斯图亚特王朝的统治由此开始。

1603 年，詹姆士一世年仅 37 岁，但国王已做了 36 年，掌握实权近 20 年，看起来是位治国经验丰富的国王。但是，由于苏格兰与英格兰的国情不同，詹姆士作为来自苏格兰的"空降"国王明显水土不服，常常与英格兰议会发生冲突。

詹姆士一世和他的儿子查理一世极力宣扬"君权神授说"，强调君权来自上帝，议会的权力来自国王。而议会则认为王在法下、王在议会。1628 年，议会通过《权利请愿书》，限制国王的权力，使得国王和议会的冲突一下变得白热化。1629 年，查理一世干脆解散议会，英国进入了 11 年的无议会时期。此后十多年间，王权同议会特别是同广大市民之间的矛盾日益尖锐化。直到 1640 年，为了解决与苏格兰之间进行的宗教战争的军费问题，查理一世才被迫重新召开议会。而议会马上就限制王权的问题与国王展开针锋相对的斗争。英国革命由此开始。

在此后一年中，议会通过了一系列法律对王权作出限制，查理一世决心用武力来捍卫"国王的尊严"。1642 年，查理一世在诺丁汉竖起了王军旗帜，宣布讨伐议会叛乱分子，拉开了英国内战的序幕。

战争初始，国王的军队取得了不少胜利，但不久后便遇到了来自奥利弗·克伦威尔所率领的"新模范军"的有力抵抗。在议会阵营看来,"自由"是不容侵犯的,它是英国人自古就有的权利。国王破坏了它,就应该受到抵制。而《大宪章》也赋予了英国人使用武力捍卫自由的权利。内战历经两个阶段,于 1648 年最终结束,议会获得了胜利,国王变成了阶下囚。

内战的胜利鼓舞着英国人民把革命一步步推向高潮。1649 年 1 月,议会通过了这样的一份决议:"在上帝明鉴之下,人民是一切公正权力的源泉。……由人民选出并代表人民的下院享有国家最高权力。……由下院制定或宣布的任何法律,即使没有得到国王或上院的同意与批准,也具有法律效力。"随后,议会成立的特别最高法庭以叛国罪将查理一世送上了断头台。

"无益而又危险"的君主制被废除。革命在把王权打翻在地的同时,把下院送上了权力的顶端。英格兰被宣布成为一院制共和国,此后 11 年,英国进入了无国王时期。与查理一世人头落地的悲惨命运相比,这一时期,克伦威尔可谓是攀上了他政治生涯的巅峰。

历史之音

詹姆士一世在 1610 年对议会的训词:

的确可以把国王叫作神,因为他对人世行使某种神权或类似的权,假如你们想一想上帝的特征,就会看出这些特征如何适合于国王这个人。

————转引自钱乘旦、陈晓律《在传统与变革之间:英国文化模式溯源》

处决查理一世(油画)

1621年,詹姆士一世制止议员"乱议国是",议员向国王递交抗议案,宣告:

议会的自由、豁免权、特权和职权皆为英国臣民自古以来与生俱来的、不容置疑的权利和遗产。

——转引自蒋劲松《议会之母》

查理一世的悲剧,导致国民感情上可预见的激变,在11年后又重蹈覆辙。后来的历史间接显示慈悲是明智的。查理的儿子詹姆士二世也犯了同样大的错误。1688年的"光荣革命",以贵族政治的手腕来管理,准许他逃往法国,但废立的结果是永远的。无论如何,早期的大革命使后来的"光荣革命"成为可能。

——威尔·杜兰特《世界文明史:理性开始的时代》

二、 克伦威尔

奥利弗·克伦威尔,1599年4月25日出生在英国的一个农业小镇亨廷顿。他的父亲是小镇上的一个乡绅,不论是家庭环境还是亨廷顿小学都充满着严肃的清教徒气氛。1617年,由于父亲去世,18岁的克伦威尔不得不离开剑桥大学,回家帮助母亲料理农庄。1620年,克伦威尔同伦敦一位商人的女儿结了婚,开始全力以赴经营农业,整天忙着养家糊口,靠种田和收租过日子。

1626年,克伦威尔凭借自己的实力和在当地的威望如愿以偿地成为了议会的一员。1640年内战爆发后,克伦威尔组织了一支主要由清教徒农民组成的骑兵队。严明的军纪使克伦威尔的"新模范军"迅速脱胎换骨,创造了一个又一个的神话。在具有决定意义的马斯顿荒原战役中,发挥重要作用的克伦威尔成为当时最知名的军事将领。

1646年,当第一次内战结束,查理一世落入英格兰议会手中的时候,克伦威尔希望保留国王,但实权交由议会掌控,还是以君臣之礼对待已是阶下囚的查理一世。到第二次内战结束后,克伦威尔借助议会之手砍下了国王的脑袋。然而,议会很快就发现他们的好日子到头了。

军队权力的基础是暴力。克伦威尔的军队为了保证自己有固定的收入,想通过制定税则来收税,故而对议会在诸如制定税则收税等问题上总是指手画脚感到颇为心烦和反感。1653 年 4 月,克伦威尔解散议会。他对议员们说:"离开! 我说,让我们来把你们的事儿都了了。以上帝的名义,走吧!"当议员们派人向克伦威尔要求"自由"时,克伦威尔则嘲笑道:"你们有呼吸的自由!"

议员们发现,他们打倒了专制的国王,却出现了一个比国王更可怕的对手。英国革命似乎失去了方向,革命的目的是反抗国王的专制统治,可是当国王被打倒、被处死后,议会却依然没有得到想要的东西,权力最后落入了一个以武力为后盾的强权人物手中。

1653 年 12 月 16 日,在士兵的欢呼声中,克伦威尔举行了一场盛大的护国主就职仪式,就任英格兰、苏格兰、爱尔兰的护国公,独揽行政、立法、军事及外交等大权。其专制程度比之以前的国王有过之而无不及。克伦威尔的话就是法律,议员们根本没有说"不"字的权力和必要。更有甚者,克伦威尔为实行军事管制,将全国划分为 12 个军区,每个军区分别指派一名陆军少将为总督,总揽一切大权。

英国革命从反抗一个人的专制开始,却造成了另一个人的独裁。历史的巨大变革不可能在朝夕间完成,革命推翻了一个旧体制,却没有建立起一个有效的新体制。在英国革命的 20 年间,始终存在着议会与一种专断权力的斗争。君主制虽然被废除了,议会虽然跳出了国王的掌心,但又落入护国主掌中。令人神往的共和国像流星一样一闪而过,留下的是令人倍感黑暗的夜空。

 历史之音

第一次内战期间,议会军高级指挥官曼彻斯特公开说国王是不能战胜的。

在克伦威尔指责他的最大错误就是"害怕采取任何行动"时,他的回答却是"如果我们把国王打败 99 次,他仍然是国王,在他之后,他的子孙也仍然是国王。但是如果国王哪怕只打败我们一次,我们就将统统被绞死,我们的子孙将变为奴隶"。

——齐世荣主编《精粹世界史:英美法资产阶级革命》

在(克伦威尔)这种"过分"的革命活动之后,必然接着到来一个不可避免的反动。……经过多次动荡以后,新的重心终于确立了,并且成了(英国历史)新的出发点。

——《马克思恩格斯选集》

(克伦威尔)在英国资产阶级革命浪潮中固然起过积极的作用,但没有真心实意地努力满足当时的社会需要,而只图填个人欲壑,无所不为、丑态百出,终于导致了封建王朝的复辟。

——蒋孟引《论克伦威尔》

也许可以这样说,谁都不像他那样取得如此丰富的成就,他死后不久,就引起了一场大混乱。可是在克伦威尔护国政体统治下,英国人比较地享有繁荣,并能在国内过和平生活。

——莫里斯·阿什利《论奥利弗·克伦威尔》

三、"光荣革命"

1658年,克伦威尔去世。临死前他指定他的儿子理查为"护国公"二世,可理查实在无力驾驭局势,不久便被迫辞职。政权落入高级军官手中,他们相互争权夺势,造成政府失控,社会动荡。

1660年5月,查理一世的儿子回到伦敦,登上了王位,称查理二世。斯图亚特王朝复辟。查理二世将他的临朝期提前到查理一世被处死的1649年,似乎想表示从来就没有过革命,也从没有过克伦威尔。历史似乎又回到了过去。但实际上,20年革命风暴中发生的许多变化是不可逆转的。11年的无议会期和11年的无国王期之间发生的点点滴滴让人们意识到,重建稳定的政治秩序只有通过议会与王权的协调与合作才能实现。议会在"五月宣言"中宣布:"根据英国古老而基本的法律,政府应该由国王、上院和下院组成。""国王在议会中"的原则又回来了。

复辟初期,国王与议会的关系比较和谐,在重大政策上基本保持合作。然而建立在妥协基础上的复辟回避了冲突的根源——国家主权归属问题。复辟只是将国王和议会重新纳入"国王在议会中"的传统外壳中,但在制度上没有对二者的权力关系作任何实质性调整。

1685 年,查理二世死后,他的弟弟詹姆士二世继承王位。詹姆士二世很快解散了议会,直到 1688 年"光荣革命"前,议会再未召开过。他又通过大清洗,将政府人员全部换为支持王室的人。更可怕的是,詹姆士二世凭借从法国获得的秘密津贴建立了一支 3 万人的常备军。王权又一次几乎无所限制。当时的一位贵族不无惊恐地断言:"只要国王愿意,他可以做任何伤害其臣民的事情。"

詹姆士二世还是一名天主教徒,他希望通过恢复天主教势力来加强王权,这一行动引起了绝大多数英国民众的恐慌,并遭到了包括军队在内的各界的一致反对。英国人期盼着詹姆士二世早点去见上帝,以便让他信奉新教的女儿玛丽及其丈夫荷兰执政威廉继承王位。

不过历史似乎总喜欢在关键时刻给人们来个意外。詹姆士二世年轻的信奉天主教的妻子为他生下了一个儿子。王子的出生使玛丽失去了继承王位的优先权。如果王子在天主教的环境中长大,必定也会信奉天主教。对天主教以及专制王权的恐惧使英国再一次走到了历史的十字路口。

人们的思绪似乎又回到了内战那段动荡的岁月。难道要眼睁睁地看着王权继续膨胀吗?复辟是一个完美的解决方案吗?是否有更好的出路呢?

痛定思痛的议会最终向詹姆士二世的女婿威廉发出了邀请。在议会看来,威廉的妻子玛丽是詹姆士二世的大女儿,可以名正言顺地继承王位,且威廉夫妇都信奉新教,不可能在英国恢复天主教。只要他们俩继承王位,势必能阻止王权的膨胀,而议会也可以获得属于他们的"自由"。最重要的是获得这个"自由"无需民众,更无需流血——这样的"革命"足以称得上"光荣"。

接到邀请的威廉和玛丽夫妇喜出望外,立马入主不列颠,詹姆士二世仓皇逃亡法国。詹姆士二世出逃后,威廉下令让各地区选出代表到伦敦开会,共商国策。

议会于 1689 年 1 月颁布文告,宣布詹姆士二世因擅离职守而自动退位。但对于谁继任王位,议会分成了两派,一派支持威廉,一派支持玛丽。最终,两派达成一致,决定由威廉和玛丽共同继承王位,前者为英王,后者为女王。一位贵族说道:"在我看来,今天所做的事将导致君主制度在英国被摧毁,因为我们把国王变成由选举产生的了。"女婿赶走了岳父,国王由选举产生,君权"神授"变成了君权"民授"。

历史之音

"救救我吧,上帝!"可怜的国王(詹姆士二世)喊道。"连我自己的孩子都抛弃了我!"混乱中,他和几个伦敦贵族争论该不该召开一次议会,又指命其中三人去和亲王谈判,随后便决定逃去法兰西。

——查尔斯·狄更斯《狄更斯讲英国史》

现代化的第一步是在政治领域首先迈出的,当准备阶段的各种因素大体上具备时(这在西欧各国都差不多),谁先在政治领域迈出第一步,谁就率先走上了现代化道路。对西欧多数国家来说,这意味着克服专制王权。于是我们看到,从英国革命开始,继之以大量的政治革命、解放战争、政变、战乱……所有这些摆在历史的长河中看,无非是争取一种合适的政治制度,为现代化构筑政治与社会空间。

——钱乘旦《寻找他山的历史》

这一有条件世袭制的适当的折中办法包含了这个王国王位继承权的正确的宪法理念。这种折中介于两种极端状态之间,无论两者中的哪一种都同样会对我们社会赖以立足的基础和社会结构造成毁灭性的打击。

——威廉·布莱克斯通《英国法释义》(第一卷)

四、《权利法案》

1689 年,议会作出了一个更大胆的举动,将一份《权利宣言》(也就是后来的《权利法案》)交给了威廉和玛丽,并且暗示要想顺利登基,就必须同意这份文件。威廉和玛丽已非王位的第一继承人,必须靠有条件的议会拥戴才可以即位,所以只得同意。议会还特意将国王加冕的誓词稍作修改,将国王保证维护"先王批准的法律和习惯"的旧誓词改为国王保证"根据议会同意的法规"进行统治的新誓词。国王与议会之间的权力关系发生了重大变化。

《权利法案》处处显示着限制王权的思想,比如:规定国王无权废止任何法律,保证了议会的立法权;规定国王不得征税,使国王在财政上屈服于议会;规定国王不得私自招募和维持军队,干净利落地剥夺了国王建立独裁统治所必须的武器;规定国王不得废除议员的发言权,意味着国王搜查逮捕反对派议员的现象将不会重演。

《权利法案》的很多条款都被认为是"英国人自古就有的"权利,但"光荣革命"后,议会通过书面形式将所有这些"权利"汇聚于一份法律文件,并使之成为"英国宪政"最重要的奠基性文件之一,为现代英国政治制度的形成打下基础。根据《权利法案》,英国确立了议会权力高于王权的政治原则,国王只能根据议会制定的法律来执政。

1701 年英国颁布了《王位继承法》,规定了威廉和玛丽之后的王位继承顺序,彻底从法律上根除了斯图亚特王朝再次复辟的可能性。通过制定法案这一行为来强调议会可以设立新的君主,这再次体现了君主立宪制的本质,即主权不在国王,而在议会手中。

"光荣革命"是英国历史的转折点,从表面上看似乎一切都没有变,英国还是处于君主统治之下。但实质上新国王是由议会选择的,没有议会就没有国王的王位。这就把近 100 年来困扰英国不休的主权问题解决了:既然议会创造了国王,主权当然在议会。英国在立足传统的基础上完成了制度创新——确立了君主立宪制。

历史之音

英国《权利法案》全称《国民权利与自由和王位继承宣言》，内容并不多，只有以下短短的十三条。

议会两院经依法集会于西敏寺宫，为确保英国人民传统之权利与自由而制定本法律。

1. 凡未经议会同意，以国王权威停止法律或停止法律实施之僭越权力，为非法权力。

2. 近来以国王权威擅自废除法律或法律实施之僭越权力，为非法权力。

3. 设立审理宗教事务之钦差法庭之指令，以及一切其他同类指令与法庭，皆为非法而有害。

4. 凡未经议会准许，借口国王特权，为国王而征收，或供国王使用而征收金钱，超出议会准许之时限或方式者，皆为非法。

5. 向国王请愿，乃臣民之权利，一切对此项请愿之判罪或控告，皆为非法。

6. 除经议会同意外，平时在本王国内征募或维持常备军，皆属违法。

7. 凡臣民系新教徒者，为防卫起见，得酌量情形，并在法律许可范围内，置备武器。

8. 议会议员之选举应是自由的。

9. 议会内之演说自由、辩论或议事之自由，不应在议会以外之任何法院或任何地方，受到弹劾或讯问。

10. 不应要求过多的保释金，亦不应强课过分之罚款，更不应滥施残酷非常之刑罚。

11. 陪审官应予正式记名列表并陈报之，凡审理叛国犯案件之陪审官应为自由世袭地领有人。

12. 定罪前，特定人的一切让与及对罚金与没收财产所做的一切承诺，皆属非法而无效。

13. 为申雪一切诉冤，并为修正、加强与维护法律起见，议会应时常集会。

彼等（即灵俗两届贵族与众议员等）并主张、要求与坚持上述各条为彼等无可置疑之权利与自由；凡上开各条中有损人民之任何宣告、判决、行为或诉讼程序，今后断不应据之以为结论或先例。

——《世界通史资料选辑·近代部分》

《英国王位继承法》(1701 年)内容如下。

第一条　当今国王无嗣，死后其王位由安妮公主继承，安妮公主无嗣，死后其王位由国王詹姆士一世的孙女、已故波希米王后的女儿、汉诺威选侯索菲亚公主及其信仰新教的后裔继承。

当今国王陛下及丹麦安妮公主都无后嗣时，英格兰、法兰西、爱尔兰领土以及所属自治领的王位与尊号，由已故国王詹姆士一世的孙女、已故波希米王后伊丽莎白公主的女儿、汉诺威选侯索菲亚公主继承。当今国王陛下及丹麦安妮公主死后，如果都无后嗣，英格兰、法兰西、爱尔兰领土以及所属自治领的王位、王政，以及英国君主所享有的一切荣誉、称号、皇权、特权、权力与权威等，都应归属于该索菲亚公主及其信仰新教的后裔。贵族院议员及平民院议员本身及其后代，应当以全国人民的名义，在当今国王陛下、公主殿下和安妮死后并且无后嗣时，按照本法关于王位继承的限制规定，坚决拥护和保卫索菲亚公主及其信仰新教的后裔，并竭力以生命和财产对任何企图反对者加以摈斥。

第二条　按照本法可以继承王位、坚持同罗马教会交往者，按照威廉国王和玛丽女王第一年的法令第六章的规定，均无资格按前举法令宣誓加冕。

凡按照本法的限制规定可以继承王位者，若现在或将来同罗马教廷或者教会和好或者保持交往，或者信奉罗马天主教，或者与罗马天主教徒结婚，都应按照前举法令所规定和确认的情形，丧失继承的资格。

凡依照本法而即王位的国王和女王，都应在加冕时，按照当今国王和已故玛丽女王统治第一年所制定的议会法令(称为《加冕宣誓法》)，举行宣誓仪式，并且应当依照该项法令所定的手续和方式，签署并朗诵其中所规定的誓词。

第三条　关于保障这些领地的宗教、法律和自由的更详明的规定。

当今国王和丹麦安妮公主死后且无后嗣时，为保障我们的宗教、法律和自由，制订更详明的规定是必要的和必不可少的。这应当由国王陛下征得贵族院和平民院议员的同意，以国王的权力加以规定。

此后凡登上王位的人,都应同法律规定的英国教会交往。

此后本国王位与尊号归属于非英格兰王国的人的时候,如果未经议会同意,本国国民不负防御不属于英国的领土而从事战争的义务。

本法的限制规定发生效力后,凡生于英格兰、苏格兰或爱尔兰所属自治领或领土之外的人(包括入籍的在内,但父母是英国人的除外),不得担任枢密院顾问官或者议会两院的议员,也不得担任文武官职,他本人或者他所信托的人不得享有国王赐予的土地或者世袭财产。

对议会平民院提出的弹劾,不得凭恃英王赦免进行抗辩。

第四条 本国法律和法令的确认。

鉴于英国法律是英国人民与生俱来的权利,因此,凡得登上英国王位的国王和女王,都应依照英国法律的规定管理政务,他们所属官吏和大臣也都应按照同样的法律为国王效力。

因此,贵族院和平民院议员谨再作如下的请求:一切保障国教及人民权利和自由的法律和法令以及现行的其他法律和法令,得予批准和确认,并由国王陛下征得贵族院和平民院议员的同意,以他的权力加以批准和确认。

——摘编自陈晓律等编著《世界历史研究导引》

五、 责任内阁制

英国的责任内阁制主要指国家行政机构的核心——内阁由多数党组成并对议会负责的宪政制度。"议会至上"原则是英国责任内阁制的基石。从"光荣革命"到19世纪初的这段时期正是英国内阁制逐步萌芽、形成、发展的时期。

都铎王朝时期,英国有一个"枢密院"。这个政府机构的主要职能是向君主提出建议并协助君主管理国家。在斯图亚特王朝复辟时期,枢密院内部已有被称为"内阁"的高级咨询机构。威廉和玛丽成为国王、女王后邀请两党人士入阁,但两党由于政见不同而经常针锋相对,对国王的决断造成困扰。后来,演变成从议会的多数党派中选出内阁成员,组成行政班底协助国王理政。如此一来,政府工作效率大大提高。这是英国走向责任内阁制的第一步。

安妮女王在位的时候,内阁制又有了新的发展。首先,议会规定,出任国王大臣的人都必须通过选举进入下院,成为下院议员。这就使得政府成员同时也是议会议员。安妮女王的性格也影响了内阁制的发展。安妮性格软弱,是个拿不定主意的人,处理国事时常左右摇摆。久而久之,大臣们碰到事情干脆先自行商量,意见统一后再报告女王。内阁的集体责任制由此逐步形成。作为整体,内阁对议会负责。对于政府而言,要么服从议会,要么下台。

1714 年,安妮女王去世,她死后无嗣。根据《王位继承法》,德国的汉诺威选侯乔治一世继承王位。54 岁的乔治一世不会说英语,也不了解英国的政风民情,完全是个外来者,他无心过问国事,干脆放手让大臣们代他理政。他的儿子乔治二世继位后,对英国事务依然不感兴趣。于是,大臣们遇事不再找国王商议,而是自己先商定对策,然后再提交国王签字。这样一来,内阁在议会多数派的支持下执掌政务的做法被确立起来,内阁制由此得以成形。在处理政务时,还需要一位主持讨论、集中意见、报告国王的领导人物。这个领导人物就是后来所谓的“首相”。一般认为,英国历史上第一位实际上的“首相”是罗伯特·沃尔波尔,尽管“首相”一词在他任内还未见于官方场合,但他事实上是内阁的掌权者。在他执政期间,英国初步形成了首相应由议会多数派领袖出任的惯例。对国王来说,接受议会多数派的领导地位,也就必须任命议会多数派领袖出任政府首脑。

随着国王和上院的作用被逐步削弱,下院的作用日益加强,能否取得下院多数派的支持,已成为内阁成败的关键。沃尔波尔为了获得下院多数议员的支持,甚至谢绝国王晋封他为贵族的奖赏,长期以平民的身份担任下院议员,以便及时了解下院的动向。这样一来,也强化了内阁与下院的联系,而这一点正是英国内阁制度的显著特点之一。后来,沃尔波尔因操控选举的争议而被迫辞职下台,这也开创了内阁首相在失去下院多数支持时应当辞职的先例。

历史之音

中文里称呼英国政府首脑为首相,这种叫法多半用来指称君主立宪制国家的首脑。至于谁是英国第一位首相,素来有争议。1905 年到 1908 年执政的自由党议员亨利·坎贝尔-班纳曼正式得到了首相的称呼,但英国政府网站追认 18 世纪在职的首席财政大臣罗伯特·沃尔波尔为首任英国首相。

从沃尔波尔第二次担任首席财政大臣开始,到坎贝尔-班纳曼之前的所有首席财政大臣,都被认为是有首相之实而无首相之名的英国政府首脑。实际上,17世纪晚期深受君主重用、权倾朝野的重臣就被戏称为首相。到了沃尔波尔执政时期,这个词的含义趋于中性,特指他这类统领政府各部,深受君主器重,在下院极有号召力的人物。

——朱联璧《不是首相的第一任首相:沃尔波尔》

毫无疑问,他至少在四分之一世纪里是英国的第一公仆。

——英国历史学家戈德文·斯密评价沃尔波尔

第四节　政党成长

工业革命造就了工业社会。新社会形成了两个全新的阶级——资本家阶级和工人阶级。在英国,这两个阶级都要求改革"光荣革命"之后形成的,但已不适合新的社会发展的政治制度。于是,"议会改革运动"应运而生。英国资产阶级该如何在继承和改造旧的议会制和政党制的基础上形成近现代意义上的议会制度和政党制度呢?

一、"旧制度"

"旧制度"指的是"光荣革命"以后形成的一整套议会选举与工作制度。在"光荣革命"后的一个多世纪里,英国革命后的土地贵族借助"旧制度"控制议会进而控制国家政权。

随着工业革命的发展,工业中心成了集中聚居地,但那里的绝大多数人没有选举权,选举权仍然集中在乡村或者是传统小镇。工业革命使人口数量增加,而选民人数占比减少了。1715 年选民人数占人口总数的 4.7%,到了 1831 年,选民人数只有人口总数的 2.6%。

英国各地的选举人资格不尽相同。贿选的情况也很普遍,土地贵族通过收买选票控制选举,政府通过收买议员控制议会,把政权掌握在自己手中。

工业社会孕育出了资产阶级和工人阶级。资产阶级因其不断增多的财富立足社会,工人阶级因其日渐庞大的人数引人注目。但这两大群体都没有选举权,无法在旧有的政治体制内提出自己的诉求。在这种情况下,英国的议会改革运动随之产生。议会改革开始于 18 世纪,一直持续到 20 世纪。

历史之音

有关 1701—1832 年的英格兰郡选区和选邑的竞选活动统计:在 1761 年大选中,英格兰的 40 个郡中只有 4 个郡,202 个选邑中只有 42 个选邑有竞选活动。没有竞选活动的主要原因是,贵族和地方地主具有完全操纵这些选区的能力,其选举结果在选举之前就已经知道了,竞选活动显得多此一举。在一些有竞选活动的选区,贿赂选民、雇用打手、绑架选民、冒充选民等事件司空见惯。

——约翰·坎农《1640—1832 年的议会改革》

漫画《铲除"衰败选邑"》(1831 年)

1864 年,英国自由党领导人格拉斯顿在议会作出关于扩大工人选举权的发言。

有人说,工人阶级不会为了扩大选举权而暴动;但问题是我们是否应该一直等到他们暴动?我认为……我们应该对此进行预测并用明智而富有远见的措施予以防范。……只有考虑到社会所有阶级的感觉才能消除各地的混乱现象。

——转引自刘成《民主的悖论:英国议会选举制度改革》

二、 三次议会改革

1830 年底,辉格党领袖格雷伯爵组成政府后,立即制定了改革方案。该方案有三条原则：一是取消"衰败选邑"，把这些选邑的席位转给大城市和各郡。居民人数在 2000 以下的地区失去"选邑"资格，2000—4000 人的小镇减少一个议席。这些空出来的议席被分配给人口超过 1 万而没有"选邑"权的大城镇以及 15 万人以上的大郡县。二是根据财产来确定选举权。三是减少议席总数。这个提案基本上满足了中产阶级的要求，但工人阶级依然没有选举权。1832 年 6 月 7 日，改革法令由国王签署，正式生效。

1832 年改革后，英国全国选民人数从 1831 年的 48.8 万上升到 1833 年的 80.8 万，选民人口占总人口的比例由约 2％增加到 3.3％。

1867 年 8 月 15 日，第二次议会改革法案获得通过。这次改革进一步降低了选民的资格，大大扩大了选举权。法案规定，各郡年收入 5 英镑以上的自耕农或有能力支付 12 英镑租金的佃农都拥有选举权。城市中的不动产持有者和有能力支付 10 英镑以上房租且租房超过一年的人也能拥有选举权。议会还增加了 45 个席位，其中有 15 个左右的席位被分配到新的城镇。

第二次议会改革法案使选民人数几乎增加了一倍，工人阶级的大部分都得到了选举权，城市选民人数超过郡乡地区的选民人数。工业资产阶级完全取代了旧贵族在议会中的地位。由于选民范围扩大，争取选民成为政党活动的核心，这也给政党的发展创造了条件。

1884—1885 年，英国进行了第三次议会改革。这一次改革基本实现了成年男子普选权。英国选民人数又增加了近一倍，达到 450 万。1885 年 1 月，议会通过《重新分配议席法》，使各选区的选民数基本相等。此外，议会还取消了议员的财产限制，使工人也可参加议员竞选，打破了贵族垄断议会的局面，选举成了"全民的事情"。

从 1832 年到 1885 年，英国用 60 多年的时间，采用渐进改革的形式，使选举权不断扩大、议席分配趋向合理，国家政治生活日益公开化和民主化。英国资产阶级议会民主制基本形成。政治民主的扩大既满足了工业资产阶级政治上的诉求，也为工人参政开了方便之门，推动了工人政党的产生。下院议员的阶级构成也发生了根本性变化。1865 年，工商业资产阶级的代表人数约占下院议员数的 56％；到 1900 年，这个比例增加到了 77％，资产阶级终于战胜土地贵族，并最终主宰了下院。

1918 年,英国进行了第四次议会改革,年满 30 岁的妇女得到了选举权。1928 年,英国又进行了第五次议会改革,全体成年妇女都获得了选举权。可以说,英国以和平的方式不断推进现代意义上的民主制度,探索出了一条特色鲜明的政治近代化道路,为后世许多国家的改革提供了借鉴。

历史之音

时人评价改革前的英国议会制度:民主政治框架乃空中楼阁,缺乏民众基础;在空中楼阁里,只有一群高高在上的贵族享受权力的盛宴;对人民来说,连民主的气味也很难嗅到。

——李季山《走向民主——英国第一次宪政改革》

"英国宪政"不是一天仓促形成的产物,而是明智地推迟臻于成熟的果实,……(英国先辈)从不把它和它的根本原则分离出来,也不把这个国王的法律、宪法和惯例中没有存在根基的丝毫修改引进来。

——埃德蒙·伯克《法国革命感想录》

(1832 年英国议会改革)奠定了一个现代工业国家扼守渐进和非暴力的道路。

——埃文斯《1832 年的伟大改革法》

三、 托利党和辉格党

英国是世界上最早确立政党政治的国家。政党政治的主体是政党,没有政党就谈不上政党政治。随着历史的发展,两党制逐渐成为英国政治制度的一个特色。

1679 年 4 月,议会就是否由查理二世的兄弟、信奉天主教的约克公爵詹姆士继承王位一事展开争论。争论中议会分裂为两派。这两派各自得到了一个政敌所起的绰号——"辉格党"和"托利党"。"辉格"源自苏格兰的盖尔语,原意为马贼;"托利"一词源于爱尔兰语,意为不法之徒。这两个词日渐深入人心,两党倒也干脆,都将对方所起的绰号笑纳为自己党派的名字,两个英国近代最重要的政党诞生了。

1688 年的"光荣革命"和 1689 年的《权利法案》,以法律的形式保障了议会在英国国家政治生活中的主导地位,以议会为活动中心的政党政治随之兴起。"光荣革命"是由辉格党和托利党联合发动的,可以说完美展示了政党的力量。这次革命的成功又为两党的发展创造了更有利的政治条件。在此后的岁月中,国王往往依靠多数党所组成的政府来实施统治。政党在英国国家政权运转中的作用也越来越大。

1832 年的议会改革中,为争夺选民,两党竞相发展自己的议会外组织,建立选区协会,这也是托利党和辉格党演变成为保守党和自由党的契机。两党逐渐从议会内的政党发展为全国性、群众性的和现代意义上的政党。这是两党制形成的基本条件和重要标志。

1841 年,英国历史上首次出现了在野党完全依靠政党组织,通过大选胜利获得组阁权的情况。保守党一举击败自由党,上台执政。从此,英国开始出现自由党和保守党轮流执政的局面。1868 年 11 月,英国大选,自由党因获得下院多数席位并成功组阁。自此,多数党内阁作为内阁组织的主要形式得到确立,这又揭开了英国两党制的新篇章。

 历史之音

安妮女王时期的议会成分分析:下院共产生 1250 名议员,登记在册的 1064 名议员中,495 名议员总是站在托利党一边,只有 130 名议员游离于两党之外;与之对应,上院贵族也出现党派分化,其间登记在册的 182 名世俗贵族中,仅有 41 名贵族跨越党派界限而保持独立。

——约翰·坎农《辉格优势:关于英国汉诺威时期的对话》

辉格党与托利党的分立构成政治史基本史实之一……对于此间的政治家而言,辉格党和托利党之间就如同白昼与黑夜一样泾渭分明。

——J. H. 普拉姆《英国政治稳定性的成长(1675—1725)》

四、 工党的产生

19 世纪 80 年代末,英国掀起了新工会运动。工会通过组织规模庞大的罢工斗争,大大扩充了工人运动的基础。同时,马克思主义思想在英国传播开来,建立全国范围的工人政党已势在必行。

1888 年 8 月,苏格兰工党建立,两年后,布雷德福劳工联合会和曼彻斯特独立工党成立。1893 年 1 月,苏格兰工党和布雷德福劳工联合会等工人组织合并成立了"独立工党",宣称"现有的两大政党都是为资产阶级服务的,工人阶级应该有自己独立的政党在政府里为自己说话"。

1900 年 2 月,来自英国各地工会和社会主义团体的 129 名代表在伦敦召开了特别大会。会议决定,在议会中建立一个独立、鲜明的工人团体,但在此之前,当工人党团在议会中处于劣势时,就应该争取同情工人立场的政党的支持,通过合作尽最大努力争取工人阶级的利益。大会成立了"劳工代表委员会"。1906 年,该委员会正式更名为"工党",20 世纪英国最重要的一个政党诞生了。

一战结束后,工党在政治上迅速发展:1918 年成为议会第三大党;1922 年末跃居议会第二大党;1924 年 1 月,在自由党的支持下上台组阁,并从此开始与保守党轮流执政。

历史之音

人们渴望一个崭新的政策,不愿意重复过去的老政策,是工党取得压倒性胜利的首要原因。

——英国前首相艾德礼

除非工党的主张最好地体现了时代的要求，否则就不可能保持它的地位。

——工党纲领性文件《工党和新社会秩序》(1918 年)

史学动态

一、 17世纪英国革命的性质

在英国史学习中,17世纪英国革命可以说是我们特别熟悉的内容和概念之一。但在实际研究中,不同的学者对这一事件的定性是不同的。将17世纪英国革命的性质确定为"资产阶级革命",这一观点来自苏联。20世纪50年代中期,刘祚昌把苏联学者的这一观点介绍到国内。他明确提出,17世纪中叶的英国革命是资产阶级革命,这次革命消灭了封建制度在英国的统治,为资本主义在英国的发展扫清了道路。他从十六十七世纪资本主义在英国农业中的发展、英国工业的发展和经济变动下的英国社会阶级状况三个方面讨论了这场革命的社会经济前提,指出资本主义的产生和发展是英国革命的根本原因。在分析革命过程时,他指出资产阶级与资产阶级化的新贵族联盟是英国革命的显著特征,这两个阶级在革命中提升了自身的地位,把政权抓在了自己手中。从革命的结果来看,资产阶级新贵族参与政权"保证了资本主义在工农业中的发展及资本主义剥削形式的全面胜利"。[①] 国内持这一观点者不在少数。

王觉非亦认为,17世纪英国革命是一场资产阶级革命。在分析这场革命前夕君主专制衰弱的原因时,他说,在15世纪玫瑰战争中,封建大贵族兰开斯特家族和约克家族在内战中互相残杀,两败俱伤。而刚刚兴起的资产阶级为了顺利发展自己的经济实力,希望能有一个权力集中的政府,保持国家的统一与稳定,并能抑制封建大贵族的割据和内讧。可见,王觉非是将英国革命放在阶级矛盾与斗争的背景下立论的。更重要的是,为了说明英国革命是资产阶级革命而不是宗教抑或清教革命,他还作了这样一段非常重要的论述:清教思想以其激进的内容,吸引了许多社会中下层对现实不满的人,越来越多的世俗人士对它表示支持,但通常所说的"长老派"和"独立派"与这个时期的清教并无关系。作为一种教派的长老会,实际上在16世纪90年代已因受到魏特吉夫特和班克洛夫特的迫害而停止存在

---

① 刘祚昌:《英国资产阶级革命史》,新知识出版社1956年版,第4页。

了。后来英国的长老会是在 17 世纪 40 年代由于同苏格兰订立的盟约而从苏格兰引入英国的,前者和后者并无连续性。而"独立派"作为思想意识形态中的一个派别,是内战爆发后才产生的。①

钱乘旦则认为,17 世纪英国革命是一场宗教革命。他说,有一种说法即英国革命是资产阶级革命,英国史学界也曾就这个问题展开过讨论。这种说法的最大弱点是说不出谁是资产阶级。如果不存在资产阶级,资产阶级革命又从何谈起?现在比较普遍的看法是:一般所公认的资产阶级在当时的英国还没有出现,因此,资产阶级革命这种说法就受到了很大的冲击。划分内战双方最明显的界线是宗教信仰,几乎可以说,凡是支持国教的都支持国王,凡是反对国教的都支持议会,因此,有一种说法,把英国革命说成是"清教革命"。清教徒主张对国教进行改革,清除其中的天主教成分。清教徒也主张对政治制度进行改革,限制国王个人的权力。清教徒对教会和国家的看法是相互呼应的,他们反对教会的主教,就必然反对君主专制。钱乘旦的结论是,借宗教改革之名而掀起的 17 世纪英国革命尚未具有资产阶级性质,不是封建阶级和新兴资产阶级之间由于长期矛盾累积到不可调和的地步而导致的结果,而是国王和议会争夺国家政治主导权发生冲突对立的结果。②

阎照祥认同宗教因素对英国革命的影响。他指出,1636—1638 年,英国政府把宗教迫害扩大到苏格兰,引起反抗。当地人集会宣布取消祈祷书和主教制。查理一世发兵镇压,可出师不利。1639 年,王军战败求和。苏格兰起义成了革命爆发的导火线。③ 但他在论述英国资产阶级革命时也会涉及资产阶级和小资产阶级,间接表示英国革命是具有资产阶级性质的。

蒋孟引指出,马克思在剖析英国生产关系转型问题时曾说,从亨利七世以来,资本主义生产在世界任何地方都不曾这样无情地处置过与传统农业的关系。从历史上遗留下来的一切关系,不仅村落的位置,而且村落本身,不仅农业人口的住所,而且农业人口本身,不仅原来的经济中心,而且这种经济本身,凡是同农业的资本主义生产条件相矛盾或不相适应的,都被毫不怜惜地一扫而光。这种变化及

① 王觉非:《近代英国史》,南京大学出版社 1997 年版,第 24 页。
② 钱乘旦、许洁明:《英国通史》,上海社会科学院出版社 2002 年版,第 159 页。
③ 阎照祥:《英国史》,人民出版社 2003 年版,第 184 页。

其所引起的阶级斗争,都以 16 世纪前后最为激烈。甚至在 15 世纪亨利七世即位以前,已经有迹象表明个别村庄公社的消失。结合马克思的观点,蒋孟引从资产阶级经济的发展、革命前英国的社会阶级结构演变的历史状况出发,认为英国革命是一场资产阶级革命。当然,他也分析了英国资产阶级革命中的宗教因素及其在革命中的影响。[①]

程汉大认为 17 世纪英国革命实质上是一次宪政革命。英国以议会制度为核心的独特的混合君主制在 17 世纪形成,彰显出英国宪政革命浓厚的博弈色彩。从革命初期到"光荣革命"前的几十年中,先是国王对议会采取不合作策略;继而是革命阵营内部各派政治力量之间互不妥协;再往后是议会妥协过度,君主专制复辟;最后在"光荣革命"中,国王、辉格党、托利党以及两党内部各派不断博弈,直至完成了建立现代宪政的历史伟业。[②]

二、 对克伦威尔的评价

在 17 世纪英国资产阶级革命中,克伦威尔是资产阶级——新贵族集团的代表人物、独立派的领袖。在 1642—1648 年的两次内战中,克伦威尔先后统率"铁骑军"和"新模范军",战胜了王党的军队。1649 年,克伦威尔在城市平民和自耕农施压下,处死国王查理一世,宣布成立共和国。1653 年,他又建立了军事独裁统治。克伦威尔在英国近代社会中究竟扮演着一个什么样的角色,这也是国内英国史学界长期讨论的问题。

蒋孟引认为克伦威尔是一个野心家和极权主义者。他指出,克伦威尔在英国资产阶级革命浪潮中固然起过积极的作用,但没有真心实意地努力满足当时的社会需要,而是"无所不为",最终导致了封建王朝的复辟。因此,克伦威尔不是革命者,也不是一个充满矛盾的人物。[③]

1982 年,英国史研究会第二届学术讨论会召开,这届会议的主题就是关于克

---

① 蒋孟引:《英国史》,中国社会科学出版社 1988 年版,第 275—335 页。
② 程汉大:《17 世纪英国宪政革命的博弈分析》,《南京大学学报(哲学·人文科学·社会科学)》2004 年第 1 期。
③ 蒋孟引:《论克伦威尔》,《南京大学学报(哲学·社会科学版)》1982 年第 3 期。

伦威尔的评价。会上对于克伦威尔的评价并没有达成一致。一种观点认为历史是由人民创造的,克伦威尔从来不是一个革命者。克伦威尔虽然在政治生涯的早期能够同情普通民众,但随着自身力量的壮大,他开始欺骗和镇压人民群众。这一观点与蒋孟引先生的观点一致。第二种观点与之完全相反,认为克伦威尔是坚强的反封建斗士、杰出的资产阶级革命家、新制度的探索者。他虽然在革命过程中有一些缺陷,但是功大于过。首先,他具有卓越的军事才能,在多次战争中击溃了王党军队,保证了内战的辉煌胜利;他在处死查理一世问题上态度坚决,保证了英国革命的顺利进行。第二,在远征爱尔兰的问题上,克伦威尔固然有掠夺的一面,但也有镇压王党叛乱的一面,不能全盘否定。第三,他建立的独裁护国政体,是在探索统治英国的方式。第三种观点认为要将克伦威尔进行分阶段地看待。克伦威尔在共和国成立之前应当肯定,可以称为资产阶级革命家,但在共和国成立之后,他开始走向反动,如镇压平等派和掘地派、远征爱尔兰等,都应当否定,他所建立的护国政体是一种走向复辟的过渡形式,而非对新制度的探索。[①]

陈贤齐认为,在评价克伦威尔时,不能将其两面性视为半斤八两。资本主义上升时期的资产阶级,革命性方面是主要的,这在克伦威尔身上同样也有体现。17 世纪英国资产阶级革命的主要任务是推翻封建专制政权,建立资产阶级性质的政权。以克伦威尔为首的资产阶级-新贵族基本完成了这一任务。当然,这次革命有相当大的局限性,但比起总成就来,局限毕竟是第二位的。所以,在评价克伦威尔时,应当首先肯定其贡献。[②]

三、英国议会制度的研究

英国是最早实行议会制的国家,议会的形成和发展几乎贯穿于整个英国的历史。在盎格鲁-撒克逊时期,英国的议会制度开始萌芽。到 19 世纪,英国的资产阶级议会民主制得以确立。英国的议会制度是英国政治史研究中不可或缺的一

① 参见共田:《关于克伦威尔的评价及其他——英国史研究会第二届学术讨论会侧记》,《世界历史》1982 年第 6 期。
② 陈贤齐:《也评克伦威尔——与蒋孟引先生商榷》,《四川大学学报(哲学社会科学版)》1985 年第 3 期。

部分,改革开放以来国内学者就英国议会的起源、发展、性质等问题进行了长期的讨论。洪永珊的《英国议会史话》是国内第一部关于英国议会发展的通史著作。[①]蒋劲松的《议会之母》一书则对英国的议会制度进行了翔实而又深入的分析,填补了国内关于英国议会制度研究的空白。[②] 刘建飞等人编著的《英国议会》一书主要介绍了英国的议会制度,包括至尊的议会、不平衡的两院制、议会的职能、议会的运作、议会委员会、地方议会、议会制度的改革等。该书还指出,英国之所以成为议会制度的母国,特殊的社会经济环境是主要原因。政治文化和历史传统对议会制度也有着重要的影响。[③] 沈汉、刘新成的《英国议会政治史》对英国议会制度的发展进行了整体性的研究。[④] 程汉大的《文化传统与政治变革:英国议会制度》,对英国的议会制度又进行了一些新的探讨。[⑤] 英国的议会制度跨越了多个历史发展时期,主要分为以下几个阶段。

1. 早期中世纪议会研究

程汉大在《英国政治制度史》一书中提出,英国中古议会具有双重性特点:等级性和代议性。他说,13—15世纪英国政治制度发生的突出变化是议会的产生、发展和议会制度的确立。英国中古议会是在国王名义下组织召集的,作为封建国家统治机器的一个组成部分,以维护统治基础为根本目的,所以早期议会必然带有等级性。中古议会的参与者包括了国内各主要社会阶层,集合了地方团体代表共商国是,因此具有代议性。14世纪是英国议会史上的重要发展时期,在这个世纪内,议会的组织形态、会议程序、议会规则大致形成,议会的政治职能和权力范围也基本确定,议会制度初具规模。[⑥]

2. 都铎王朝时期的议会研究

刘新成的《英国都铎王朝议会研究》一书认为,在都铎王朝统治时期,议会和

---

① 洪永珊编:《英国议会史话》,商务印书馆1984年版。
② 蒋劲松:《议会之母》,中国民主法制出版社1998年版。
③ 刘建飞等编著:《英国议会》,华夏出版社2002年版。
④ 沈汉、刘新成:《英国议会政治史》,南京大学出版社1991年版。
⑤ 程汉大:《文化传统与政治变革:英国议会制度》,辽宁大学出版社1996年版。
⑥ 程汉大:《英国政治制度史》,中国社会科学出版社1995年版。

王权是相辅相成、共存共荣的,并没有出现一方压倒另一方的局面。他认为此时的议会处于由中世纪向近代转型时期,议会发展史是一部议会与王权不断冲突对立而又相互包容合作的历史,这种历史发展过程集中体现了英国近代早期政治制度形成时期"三位一体"的过渡性特点。[1]

郭方的《英国近代国家的形成》从 16 世纪国家的机构和职能变化方面入手讨论都铎王朝时期的英国社会。本书不仅讨论了该时期的英国议会问题,而且还涉及社会多个方面,如阶级结构、国家财政制度、司法系统、教会改革和地方政府等,提出了近代国家形成的八个条件。书中还讨论了国际学术界相当关注的一个问题,即中世纪国家向近代国家过渡的基本条件问题。尤其是第八章"英国都铎王朝王权的演变综述"可以帮助我们更加清晰地了解上层权力的变化。[2]

3. 对 1832 年议会改革的评价

洪永珊认为,1832 年议会改革法案是英国议会的骗局:它的基本模式是托利党人的反动经常把人民推入资产阶级的怀抱,而资产阶级由于害怕人民,于是又把人民群众交给辉格党支配。最后,辉格党人则投好于托利党人,从而束缚英国的资产阶级运动。这才是英国 19 世纪初议会改革的实质。[3] 程西筠认为,1832 年议会改革是英国近代史上的重要转折。尽管英国 1832 年议会改革具有妥协性和保守性,但是它大胆地向旧的议会选举制度发起了攻击。1832 年的议会改革揭露了旧选举制度的腐败,使英国议会得以逐渐摆脱贵族寡头的统治,逐步扩大资产阶级的民主。[4] 张天认为,英国 1832 年的议会改革促进了英国政治制度近代化的进程。1832 年工业资产阶级夺取了政权,并更加深入地进行议会改革,使得英国议会更加趋于民主,选举权不断扩大了。[5] 钱乘旦、许洁明等认为从 1832 年议会改革的内容看,这次改革的幅度很小,完全配不上为此作出过的重大牺牲。但从

---

① 刘新成:《英国都铎王朝议会研究》,首都师范大学出版社 1995 年版。

② 郭方:《英国近代国家的形成》,商务印书馆 2007 年版。

③ 洪永珊:《19 世纪英国的阶级斗争和议会改革》,中国英国史研究会编:《英国史论文集》,生活·读书·新知三联书店 1982 年版,第 171—183 页。

④ 程西筠:《评英国 1832 年议会改革》,《世界历史》1982 年第 4 期。

⑤ 张天:《论英国社会制度近代化》,《社会科学战线》1995 年第 1 期。

此以后英国就坚定地走在改革的道路上了,它可以自信地面对未来,随时改变自己的制度,而不必有畏惧之忧。[①] 阎照祥则指出,从 1832 年议会改革的阶级成分来看,改革仍未动摇土地贵族的优势地位,在这场斗争中担任了绝大部分斗争任务的无产阶级和广大人民群众仍然没有选举权。尽管如此,1832 年议会改革仍然是英国历史上的重大事件,是英国实行政治改革的重要起点。这场改革暂时调和了统治阶级的内部矛盾,为工业资产阶级的代表打开了议会的大门。[②] 蒋孟引则指出,1832 年议会改革斗争的激烈程度和取得的成果是很不相称的,但这并不意味着这次改革不重要。它是向旧制度的公开挑战,向土地贵族和金融寡头盘踞了几百年的地盘的进攻;它改变了几百年来选举议员的做法,意味着土地贵族和金融寡头不得不作出让步。受了骗的是工人阶级和人民群众,但这次各个工人阶级激进派都以独立的政治力量参加斗争,比以前进了一大步。[③]

除上述分阶段的研究外,国内学者也逐渐开拓了自己的研究视角。如陈晓律在《关于英国式民主的若干思考》一文中指出民主化问题也是现代化研究的主要内容之一。他在分析英国式民主的特点的同时提出英国式民主的核心是在法制基础上对个人权利的保护。他还指出,总体来看,英国民主化的进程是一个很复杂,甚至带有某种偶然因素的过程。中古时期的《大宪章》、17 世纪的内战和"光荣革命"、19 世纪的三次议会改革,都是英国式民主发展过程中的重大事件,然而它们也都没有单独完成英国民主化的任务。关于英国式民主形成过程的影响因素,作者主要是从英国的地理环境、盎格鲁-撒克逊人的两次大规模入侵使中古时期的英国社会具有一种移民社会的特质、近代初期英国适时建立起自己的民族国家的角度来分析,并指出这些因素存在的重要性。[④]

钱乘旦在《社会变革的和平方式:英国的范例》一文中提出,英国在建立现代政治制度的过程中,逐渐认识到和平解决国内冲突的重要性,于是逐渐用一种和平的方式来解决国内的政治问题,英国走出了一条和平、渐进的道路。[⑤]

① 钱乘旦、许洁明:《英国通史》,上海社会科学院出版社 2002 年版,第 250 页。
② 阎照祥:《英国史》,人民出版社 2014 年版,第 263 页。
③ 蒋孟引:《英国史》,中国社会科学出版社 1988 年版,第 500—501 页。
④ 陈晓律:《1500 年以来的英国与世界》,生活·读书·新知三联书店 2013 年版,第 16—29 页。
⑤ 钱乘旦:《社会变革的和平方式:英国的范例》,《学习与探索》2005 年第 6 期。

四、英国政党政治史的研究

英国政党政治史的研究范围十分广泛。从时间跨度上看,英国最早的政党辉格党和托利党形成于 17 世纪,英国工党产生和崛起于 20 世纪。从研究对象来看,不仅包括辉格党和托利党,同时还包括 19 世纪的自由党和保守党以及 20 世纪初的工党。此外,英国的政党还与英国的议会、内阁等都有着千丝万缕的联系。因此,英国政党政治史的研究也是英国史研究的一大重点。

阎照祥的《英国政党政治史》一书认为"政党政治"并不同于"政党制度",并指出在英国两党制形成过程中,先有政党政治,再有政党制度;政党政治促进了内阁制度的形成,而议会制和内阁制又促进了两党制的产生。离开了议会制度和内阁制度,就不会有英国的两党制度。^① 阎照祥还指出,英国两个政党的形成是议会政治发展的结果,它为统治阶级各阶层的代表提供了一个合法的活动场所。复辟时期两个政党的产生是英国史上的重大事件。其中作为政府反对党的辉格党的出现是对王权的公然挑战,标志着英国议会政治达到了一个新水平。资本主义国家政治典范之一的两党制正是在此基础上形成的。^② 高岱的《英国政党政治的新起点》则从第一次世界大战的影响切入,讨论了 20 世纪初英国政治结构变化中的一个转折点。该书指出,历史事实证明,正是第一次世界大战进一步激化了英国的国内矛盾,加剧了英国政坛的冲突,从而导致了自由党的没落。钱乘旦在其为此书所作的序言中指出,英国工党史学家认为,在一战前,工党自身发展缓慢,并不是因为自由党在工人阶级中有很大的影响,也不是因为工党一开始就采取了追随自由党的政策,而是由于 1884 年改革方案所规定的选举资格,才产生这样的结果。在 20 世纪 80 年代,这一问题引发了持久的争论。^③

刘建飞在《英国政党制度与主要政党研究》一书中,不仅详细介绍了英国的政党及其两党制的起源和发展,还介绍了英国工党和保守党的理论、纲领政策和组织机构等多方面的内容。这本书可以算是一部开拓性的著作,作者对两党制的功

---

① 阎照祥:《英国政党政治史》,中国社会科学出版社 1993 年版,第 2—5 页。
② 阎照祥:《英国史》,人民出版社 2014 年版,第 187 页。
③ 高岱:《英国政党政治的新起点》,北京大学出版社 2005 年版,第 4—5 页。

效、英国保守主义的特征、英国工党的阶级基础和对外政策都进行了深入的分析，并提出了自己的个人见解，在一定程度上开辟了国内英国政党研究的新领域。①

刘金源的《论近代英国政党政治的兴起》一文指出，英国是世界上最早确立政党政治的国家。英国政党政治兴起的前提，在于复辟王朝时期英国就诞生了辉格党和托利党这两大政党。1689—1714 年间，随着王权的衰落以及议会地位的上升，政党政府组建起来，近代英国的政党政治随之兴起。②

陈晓律的《英国工党起源问题初探》一文指出，工党的产生是 19 世纪末英国政治民主扩大与经济动荡等多方面因素相互影响的结果，其中工会显然起到举足轻重的作用。学界一般将工党起源时间定在 1880 年前后具有其合理性。这篇文章试图通过对这些因素进行分析来探寻对工党起源问题的某种较为令人满意的解答。③

---

① 刘建飞：《英国政党制度与主要政党研究》，中国审计出版社 1995 年版。
② 刘金源：《论近代英国政党政治的兴起》，《史学月刊》2009 年第 11 期。
③ 陈晓律：《英国工党起源问题初探》，《世界历史》编辑部编：《欧美史研究》，华东师范大学出版社 1989 年版。

教学撷英

一、暴力革命到底给英国带来了什么?

师:1649 年 1 月 30 日,查理一世被送上了断头台。这是
人类历史上第一个被送上断头台的君主。据一位目
击者说:"当时,在场的数千群众同声一叹:这是我以
前从未听到过的,我希望以后也永不再听到。"处死国
王是合法的吗,是正义的吗,是聪明的措施吗? 没有
人关心,大家关心的是革命成功了吗。
革命的初衷是什么?

生:限制王权。

师:这个目的达到了吗? 在处死查理一世的前后,议会通
过了这样一个决议:

在上帝之下,人民是一切正当权利的来源;在议
会里集会的英国下议院是人民选出并代表人民的,在
本国拥有最高的权利……

下议院制定和公布的法案具有法律效力,其体现
了全国人民的共同意志,无需获得国王或贵族院(上
议院)的同意或协助。

——1649 年英国议会决议

师：谁是"一切正当权利"的来源？

生：人民。

师：谁在本国拥有最高的权利？

生：下议院。

师：下议院制定和公布法案不需要通过国王，不需要经贵族组成的上议院同意。在这里，体现了"人民主权"和"议会至上"的思想，"人民主权"第一次被写成了文字。英国革命成功了吗？如果说成功了，那也是以查理一世的性命为代价，是以十多万英国人民的生命为代价的，因为这些成果是通过暴力革命所取得的。此外，请看这两段论述：

由于革命用暴力战胜国王，军队就成了决定性因素。……它（军队）为了把战争引向胜利，就把所有的权力都放到自己手里，议会反而被推到了后台。
——齐世荣主编《15 世纪以来世界九强的历史演变》

1653 年，军队终于驱散了议会……军队领袖克伦威尔就任护国主，成为无冕之王。
——齐世荣主编《15 世纪以来世界九强的历史演变》

1653 年,英国开始了护国主政体。革命从反抗一个人的专制开始,最终却不得不以另一个人的专制结束。议会发现,虽然打倒了国王,却又要面对一个比国王更难对付的对手,而新的游戏规则是施行暴力的最强者说了算。当克伦威尔死后,其儿子理查无能,高级军官趁机争权夺势,政局更加混乱。在这种情况下,议会最终选择退回君主制。

二、 为什么这场革命被称为 "光荣革命"?

师:1660 年,斯图亚特王朝复辟。面对查理二世尤其是詹姆士二世上台后的一意孤行,对天主教势力和对专制制度的恐惧使处于十字路口的英国人再次思考:历史是否回到了 1642 年以前? 该选择用什么样的方式来反抗呢?

生:之前的一系列事件虽然推翻了旧制度,但并没有产生新制度,而是产生了新的强权统治。

师:复辟之后,如果再发生新的革命,很可能产生新的克伦威尔式的强权统治,这可能又会导致新的复辟。如何才能跳出怪圈? 议会有什么新的举动?

生：议会在1688年决定发动宫廷政变。他们赶走了詹姆士二世，请詹姆士二世的女儿玛丽和女婿威廉入主英国。

师：这和之前的查理二世回来有区别吗？在回答这个问题之前有两个细节值得我们注意。一个是在到底是由女儿还是女婿做国王的问题上，议会发生了分歧。最后议会中的两派经过讨价还价，决定在英国实行双王制，由玛丽和威廉共登王位。据当时的一位贵族说："在我看来，今天所做的事将导致君主制度在英国被摧毁。因为我们把国王变成选举产生的了。"从此以后，君权"神授"变成了"民授"，这从根本上改变了王权的性质，这是英国从专制走向现代民主的一个重要转变。另一个细节是，作为登基的条件，玛丽和威廉接受了由议会精心打磨的《权利宣言》，而这个宣言在1689年就成了著名的《权利法案》。

第一条　凡未经议会同意，以国王权威停止法律或停止法律实施之僭越权力，为非法权力。

第四条　凡未经议会准许，借口国王特权，为国王而征收，或供国王使用而征收金钱，超出议会准许之时限或方式者，皆为非法。

第六条　除经议会同意外，平时在本王国内征募或维持常备军，皆属违法。

——《权利法案》

由此看来，国王的权力如何？

生：没有议会的同意，国王没有立法权，没有财政权，没有军事权。

师：这使得英国政体又回到"传统"的轨道上来，即形成"王在议会"和"王权受限"的格局。当时的国家统治阶层不能容忍专制制度的恢复，更不能接受天主教的复辟；但同时，他们也不愿再看到新的革命。"光荣革命"是英国历史的转折点，从表面上看似乎一切都没有变，只是换了国王，但这和之前查理二世回来有本质区别。实质上新国王是由议会创造出来的，没有议会就没有国王的王位，这就确立了议会权力高于王权的政治原则。《权利法案》最终确认国王只能根据议会制定的法律来执政。

英国在立足传统的基础上进行了制度创新——确立了君主立宪制。这就把长期以来困扰英国的主权问题解决了：既然议会创造了国王，主权当然在议会。为解决这个问题，英国纷争了近一个世纪，其间有大规模的动荡，有战争，有革命，但最终解决问题却是通过不流血的手段，国王与议会相互接受和妥协，用一种和平的方式使得君主立宪制度成为一种可能。

此后，英国一直在议会框架内以和平与渐进的方式进行制度调整。务实、妥协和渐进何尝不是一种政治智慧？制度变迁可以用非暴力革命的方式完成，这就是"光荣革命"留下的最深刻、最独特的遗产！

第二章
变革世界的引擎

英国的工业革命首先表现为生产工具的改变。1733 年,随着飞梭的出现,人们走出了改进纺织工具的第一步。在这以后,珍妮纺纱机、水力纺纱机、骡机等一系列的发明相继问世。万能蒸汽机的出现是人类生产力的一次飞越,人们不再依赖自然条件,而是通过创造动力来使机器运转,释放出巨大的生产力。"用机器来生产机器",这为大工业工厂制的建立奠定了技术基础。工厂化与机器的大规模使用、蒸汽动力的普及共同促进了经济的发展,也改变了社会生活。

工业的发展也带动了交通运输的进步。随着运河和汽船的出现,水运成为当时物流的第一选择。在陆路交通方面,1765 年英国开始使用铁轨,到 1844 年,英国铁路总长度已近 3600 千米。铁路不仅把各个地区连接在了一起,还改变了时间和空间概念以及人们的思维模式。

工业革命还加快了城市化进程。从农村走向城市意味着人类又多了一种新的生活方式,意味着人类又开始了新的征程。城市工商业的发展导致社会分化不断加剧,最终出现资产阶级与无产阶级两大对立的阵营。

工业革命的发展最终推动了资本主义世界经济体系的形成。第一次工业革命以后,英国凭借其雄厚的经济和军事实力开始了殖民主义的扩张。在此过程中,东方逐渐屈服于西方,欧洲成为世界的中心和主宰。

是什么原因导致变革世界的引擎由英国发动而不是其他国家呢?

第一节　为什么是英国?

得益于新航路开辟后的殖民扩张和海外贸易,以及近代自然科学的不断发展,英国的经济力量得到极大提升,"工业革命"应运而生。

一、 伊丽莎白一世时代

1558 年,伊丽莎白一世加冕,当时她面对的英国是被很多外国人轻视的"世界底端"的国家。在时人看来,"英国现在饱受磨难,一方面与苏格兰人纷争不断,另一方面又卷入与法国的战争;负债累累,国库亏空;加莱被占领,让英国人民蒙受极大耻辱;不同的宗教政策使得民心涣散;女王缺乏强势朋友,又没有与外国君王联姻以增强国力"。

年轻的女王面临着一系列棘手的问题。首先的便是宗教问题。英国新教和天主教之间的矛盾威胁到了国家的统一与稳定。为了扭转这一局面,女王很快通过法令,确立新教为英国国教,国王为最高的宗教领袖,教会与国家成为不可分割的统一体。同时,她主张宗教宽容,不用激烈的手段对待天主教徒。在她看来,"只有一个耶稣基督,这是唯一的信仰,其余的一切争论都是小事"。

英国与西班牙、法国之间的关系也是一个棘手的问题。当时的西班牙占据海外殖民优势,可以说是当仁不让的世界头号强国。放眼欧洲,也只有法国可以与之抗衡。而英国的兵力只是西班牙的七分之一左右,是还在成长中的无名小卒。这个无名小卒只能在西班牙和法国的夹缝间求生存。

未婚的伊丽莎白即位后很快受到各国求婚者的包围。女王不得不花费大量时间去考虑这些如蜘蛛网般牵连着无数利益链条的联姻方案。当时的法国大使甚至抱怨说:"万能的上帝开天辟地也只用了 6 天,可女王陛下已经过了 80 天还没有打定主意。"这其实是因为女王心里清楚,不论她与哪一位外国君主结婚,在得到一个盟友的同时也会多出一系列麻烦。后来,当英国议会再次恳求女王成婚时,女王亲手将一枚结婚戒指戴在了自己的手指上,平静地对她的子民们说"我已经献身于一个丈夫,这就是英国"。她终身未婚,世称"童贞女王"。

　　海上强国葡萄牙和西班牙已经垄断了新航路,为了分得一杯羹,女王向英国船长们颁发"海盗许可证",默许海盗抢劫商船,她还授权商人建立贸易公司,发展海外贸易,甚至亲自出资入股,并从中抽取红利。在"女王海盗"名单中最突出的是霍金斯和德雷克表兄弟俩。约翰·霍金斯是第一个向西班牙发出挑战的英国人,也是奴隶贸易的鼻祖。而德雷克则成功抢劫了西班牙宝船"卡卡弗戈"号,创下单次抢获金银财宝150万英镑的纪录,这一数字几乎相当于英国王室3年的总收入。

　　随着经济实力的增长,英国终于有了与西班牙一决高下的本钱。1588年7月,西班牙的"无敌舰队"在朴茨茅斯海面附近与英国舰队相遇。当时英国方面的海军总共有140多艘大小船只,但水手和士兵加起来只有9000多人,主力则是海盗们的30多艘新式快舰。英军采用火烧连船的战术大败"无敌舰队"。在这一战役中,"无敌舰队"损失32艘战舰和10000名左右的士兵。自此,英国终于一步步把西班牙从战无不胜的"神坛"上赶了下来。

　　在经济上,女王大力发展工商业,尤其注重发展毛纺呢绒工业。为了可以将先进的呢绒工艺与技术带进英国,女王批准了尼德兰和法国的技术工人来英国避难的请求。为扩大呢绒产品的销路,女王还颁布命令要求全体臣民在周日必须戴国产呢帽,后来甚至要求裹尸布和棺木套都必须使用呢绒制作。女王的全力支持使毛纺呢绒业成了英国最重要的支柱产业。到16世纪末,英国毛纺呢绒制品已远销至地中海沿岸、波罗的海地区,甚至被贩卖到叙利亚和巴西。17世初,英国人得意洋洋于"全欧洲因为穿用英国的呢服而几乎成为英国的仆人"。

　　"童贞女王"铸就了一个辉煌的时代——伊丽莎白时代。在其45年的女王生涯中,她凭借自己的智慧和宽容,为"日不落帝国"奠定了基础。1603年3月24日,伊丽莎白一世走到了人生的尽头。临终前,她已虚弱得说不出话来。大臣在她的床边报着一个个有可能即位的候选人的名字。当念到苏格兰国王詹姆士六世时,女王缓缓抬起自己的手,慢慢指向自己的头部。1603年,都铎王朝被斯图亚特王朝取代。

历史之音

对未来之敌的怀疑，使我忧心忡忡，亦使我免踏此陷阱之中。不实之言四处流窜，臣民的信仰日渐衰微，但如理智尚存，智慧犹在，这一切本不会发生。

——伊丽莎白一世写于 1571 年

莎士比亚曾这样描述伊丽莎白一世统治下的英国：

这一个君王们的御座，这一个统于一尊的岛屿，这一片庄严的土地，这一个战神的别邸，这一个新的伊甸——地上的天堂……这一片幸福的土地，就是英格兰……

——威廉·莎士比亚《理查二世》

海上和空气为世界人共同享有，海洋不归属于任何民族或任何个人。

——伊丽莎白一世

握有海上霸权的一方是很自由的，在战争上是可多可少，一随己意的。

——弗朗西斯·培根

殖民史理论家理查德·哈克卢伊特在 1582 年写道："人们看到葡萄牙人的时代将成为过去，西班牙人的真面目和他们长期隐藏的秘密现在最终被揭开了……我有一个巨大的愿望，就是时机已经来临，是我们英吉利人参与分享葡萄牙人和西班牙人在美洲和其他尚未被发现的地区的活动的时候了。"

——陈晓律主编《世界现代化历程·西欧卷》

14 世纪英格兰有产毛的绵羊 450 万只；17 世纪至少有 1200 万只，平均每人拥有 3 只羊。

——刘景华《日不落的落日——大英帝国的兴衰》

尽管原始积累时期的英国重商主义看上去是一种包罗万象的大杂烩，但它的基本目标只有一个,就是使英吉利民族国家在摆脱内部离心力和克服外敌的基础上走向强大,使它在国际事务中追求其应当享有的平等地位和均等机会。

——姜守明《从民族国家走向帝国之路》

二、 查理二世和英国皇家学会

1654 年,波义耳还是一名默默无闻的青年,但他喜欢参加一个被他称为"无形的大学"的聚会。他和几位像他一样对哲学与科学有兴趣的学者经常聚在一起畅所欲言。在牛津他还参加了另一个类似的组织,后来他便把这两个团体合并,定期组织在克列桐学院聚会。

1660 年,随着这个聚会渐成规模,大家决定制订章程,正式组织学会。当时的国王查理二世对科学也很有兴趣,欣赏"通过实验促进自然知识"的学会宗旨,认同鼓励更多的人把自己的智慧和热忱奉献给真理和科学的学会理念。1662 年,查理二世在批准结社的特许状上盖了国玺,从此这个学会就被称为"不列颠皇家科学会"。

1663 年,"不列颠皇家科学会"被正式定名为"促进自然知识的伦敦皇家学会",简称"皇家学会",其宗旨是利用和完善自然知识,促进自然知识的增长。查理二世为了鼓励科学创新,特意赐了一枚纹章给学会,上面写有"我不必追随任何权势,我不必要求上帝保佑,我不必遵从大师"的格言。

随着新航路开辟和海外贸易的发展,1675 年的查理二世决定建立英国皇家天文台,制作海图以保障英国船只的远洋航行。这个天文台也就是现在著名的格林威治天文台。

在 1667 年出版的《皇家学会史》中,有这样的一段献词:"欧洲的所有国王之中,您是第一个,……批准了这项高贵的实验计划。这项事业可以媲美最杰出的帝君的最闻名的壮举。……把他们从谬误的束缚之中解放出来,要比扩张帝国,或给被征服的民族颈上戴上锁链,更为光荣。"正是在英国人对科学尊崇之下,皇家学会中的一名会员——牛顿,创造出了属于他自己的时代,并为英国工业革命鸣锣开道。

历史之音

如未亲自实践,不要轻易相信任何事物。

——英国皇家学会格言

英国皇家学院建院 350 年中里程碑事件简介:

1660 年——英国天文学家、建筑师克里斯托弗·雷恩,英国化学家罗伯特·波义耳等 10 余人聚集在格雷沙姆学院,决定建立一个旨在促进物理、数学等学科发展的学术团体。

1663 年——英国皇家宪章将该团体称为"促进自然知识的伦敦皇家学会",简称"皇家学会"。

1752 年——本杰明·富兰克林为英国皇家学会进行了他的著名的风筝实验;20 年后,皇家学会展开了一场关于避雷装置的最佳形状的辩论。

1847 年——英国皇家学会作出了一个以在科学界的声誉为标准,每年吸收一定数量新研究员的决定,这一决定有效地阻止了富有而无真才实学者的进入。

1850 年——英国皇家学会首次获得了英国政府为私立科学研究机构提供的 1000 英镑的拨款资助。

1900 年——英国皇家学会拒绝代表英国人文学科出席某国际会议,为建立一个独立的英国科学院开辟了道路。

1960 年——女王伊丽莎白二世资助英国皇家学会 300 周年庆祝活动。

2010 年——英国皇家学会筹备 350 周年夏季庆祝活动。

第二节 那些人、那些事

我们往往会因为瓦特改良蒸汽机解决了大工业发展中的动力问题,而将瓦特称为"工业革命之父",也将改良蒸汽机的发明作为工业革命开始的标志。但我们不能忽略掉瓦特背后的一位巨人,正是他的伟大贡献,成就了瓦特,也成就了英国的工业革命。这位巨人是谁呢?

一、巨人牛顿

1642 年旧历的圣诞节早晨,遗腹子艾萨克·牛顿诞生了。刚出生时的牛顿又瘦又小,体质很差,似乎不大可能活下来。但恰恰就是这位活下来都困难的新生儿,开辟了科学发展的一个新的时代。

比起牛顿的科学成就,我们可能更熟悉的是他的一句名言:"如果说我比别人看得更远些,那是因为我站在了巨人的肩上。"这句话既体现了牛顿的谦逊,也说明了科学是积累的结果。从本质上看,中世纪科学继承了以亚里士多德等为代表的古希腊文化传统,人们认为天体运动是由神明决定的。在天文学领域,由亚里士多德提出、托勒密加以发展的地心说体系深入人心:地球是宇宙的中心,地球静止不动,太阳和其他一切天体都围绕着地球转动。后来地心说还被增添了宗教色彩:整个宇宙都在上帝的怀抱之中,沐浴着上帝的光辉。是上帝让人统治万物,所以让人所居住的地球位于宇宙的中心。而上帝居于宇宙的最外层,推动着宇宙的运行,注视着人类的一举一动。这个学说凸显出上帝创世和造人的智慧,所以长期作为基督教的理论依据而被人们深信不疑,其他一切学说都被视为异端邪道。

1543 年,哥白尼《天体运行论》的发表,标志着科学界的旧秩序受到了重大的挑战,也标志着近代自然科学的诞生。在书中,哥白尼科学地建立起了一个完整的以太阳为中心的新的宇宙体系,为人们解释行星运动提供了新的简单的答案,也为牛顿解释行星运动定律开辟了道路。此后,德国科学家开普勒的行星运行三大定律,为经典力学的建立、牛顿万有引力定律的发现奠定了重要基础。伽利略提出运动的惯性问题,也被牛顿完善为经典力学的惯性定律。可以说,牛顿确实是站在巨人的肩膀上。

1687年,牛顿出版了《自然哲学的数学原理》。这本书用拉丁语写成,内容规范严谨,非专业人士很难看懂。在这本深奥难懂的书里,他总结了力学和天文学方面的一系列重大发现。詹姆斯·格雷格说:"按照牛顿力学,世界只是一架结构复杂而又不失精巧、严密的机器。"宇宙就如钟表一样只是在做机械运动,只不过我们看不到齿轮。这一体系向世人展示了一个有规律的真实宇宙,在这里,天体都以一种相同的规律运动,而且这种运动是可以被量化和计算的。也正因为在牛顿描述的世界里,充满着井然有序的规律和法则,人们认识到支配宇宙间万物的不是上帝,而是自然规律。从哥白尼开始,在将近一个半世纪的与宗教神学的抗争后,科学终于将上帝从无生命的领域里驱逐出去。人类开始用自己的眼光打量世界,自行发展而无需上帝的管理。牛顿的经典力学理论让人类从自然科学中获得了独立的精神,因此被视作近代科学的开端。

历史之音

牛顿看到了简单的规则,并从中揭示出循环往复的规律,所以启发我们继续探索,希望用数学法则来揭示经济的周期和人类的行为。我们相信,宇宙中的问题是可以解决的。

——詹姆斯·格雷格《牛顿传》

自然与自然的定律,都隐藏在黑暗之中;上帝说:"让牛顿来吧!"于是,一切变为光明。

——诗人亚历山大·波普为牛顿写的墓志铭

从世界的开始直到牛顿生活的时代为止,对数学发展的贡献绝大部分是牛顿作出的。

——德国数学家、哲学家莱布尼茨

牛顿并非理性时代的第一人。他是那些魔法师中的最后一位,是巴比伦和苏美人中的最后一位,是用与一万年前起就开始建立我们知识遗产的人们的目光来观察这个大千世界的最后一个伟大的心灵。

——英国经济学家凯恩斯读牛顿有关炼金术的手稿后的感慨

1687 年,詹姆士二世试图安插亲信到剑桥,以敕令"建议"剑桥授予弗兰西斯神父文学硕士学位(拥有这一头衔的人在大学评议会上具有表决权,可以否定校方的任何提案)。牛顿明确表示拒不接受,并在剑桥学术委员会受到威逼时,站出来朗声反对,捍卫学术独立。以下是他的辩驳:

按照剑桥大学的惯例,凡是没有宣誓忠于大学的人,大学只能授予他们名誉学位。而只有名誉学位的人,在我们剑桥大学的领导机构里是没有发言权和表决权的。

——整理自王志艳《寻找牛顿》

二、　技术革新

18 世纪,技术变革首先从英国的棉纺织业开始。1716 年,针对手工捻丝速度慢,需要大量劳动力的问题,约翰·隆贝发明了捻丝机。次年,他申请了专利并建立了第一家捻丝工厂,在专利有效期内获利 12 万英镑。随着捻丝速度的提升,织布的速度明显落后,打破了纺和纱之间的平衡,棉线供大于求。

1733 年,织工出身的约翰·凯伊发明了飞梭,这不仅加快了织布的速度,还加宽了布幅。织布速度的飞速提高,使英国又出现了一个织布工所需的棉纱得五六个纺纱工供应的"棉纱荒"现象。

1738 年,滚轮式纺纱机被发明,使纺纱速度再次提高。1764 年,"珍妮纺纱机"被发明,把引纱和捻纱的操作机械化,使劳动生产力提高 10 多倍。1769 年,水力纺纱机被发明,它的特点之一是以水力为动力进行机器操作,特点之二是纺出的纱比较结实。不过,水力纺纱机也存在缺陷,因为纺纱机需要水作为动力,所以厂房就必须设在河流旁边。1771 年,阿克莱特建立了第一家使用水力纺纱机的工厂。到 1800 年,英国已有 300 家左右这样的工厂。

1779 年,"骡机"出现,它可以高效率地推动 300—400 个纱锭,纺出柔软、精细又结实的棉纱。可以说是近代工业革命中纺织业的重大发明。到 1800 年,英国已有 600 家"骡机"纺纱厂。

纺纱业有了新的发展,势必对织布业提出新的要求。1785 年,牧师卡特莱特发明了水力织布机,使织布的工作效率提高了 40 倍。到 1800 年,英国棉纺业基本实现了机械化。

生产技术的大发展一环紧扣一环。纺纱机的发展推动织布机的发展,实现了棉纺业的机械化,而对制造机器所用的钢铁的需求的增长又推动了冶金业和采矿业的迅速发展。不过,伴随着大规模的工厂的建立,利用河流里的水力作为工业动力明显阻碍了工业的进一步发展。人们开始思考动力机的创新与改良问题了。

历史之音

工艺各部门中最有用的发明并不是关在书房里的专务理论的哲学家们的创作,而是通晓使用技术方法的、从实践中得知什么构成其探讨课题的灵巧的工匠的创作,这是众所周知的事。

——保尔·芒图《十八世纪产业革命:英国近代大工业初期的概况》

奖励最优良地发明一种能够同时纺出六根毛线、六根棉线、六根麻线或者六根丝线的,并能只由一个人操纵看管的机器。

——1761 年英国"工艺协会"发表的文告

棉纺织工业的发展速度基本上持续不断地标志着整个英国经济的发展速度。其他工业随同棉纺织工业上升,也随着它的崩溃而下跌,这个局面一直维持到 20 世纪。

——费尔南·布罗代尔《十五至十八世纪的物质文明、经济和资本主义》

三、"瓦特的蒸汽机"

早在 1700 年前后，一个叫托马斯·纽卡门的小镇的五金匠就开始了利用蒸汽动力运转机器的研发。1712 年，第一台实用性蒸汽机投入运转。它虽然设计结构巧妙，但实际工作效率却低得吓人，是有名的"耗煤大王"，而且在绝大多数领域里几乎无用武之地。瓦特的研究就是在此基础上开始的。

詹姆斯·瓦特出生于 1736 年，父亲非常注重对他的培养，这使他从小就养成了博览群书的习惯，15 岁时就已细细读完了《物理学原理》。有人曾这样描述瓦特，"从来没见过像他那样几乎无所不知的人"。

1763 年，格拉斯哥大学请瓦特去修理一台纽卡门蒸汽机的模型。在修理的过程中，瓦特发现，在气缸交替加热冷却的过程中损失掉了约 80% 的蒸汽热量，仅有 20% 的能量用于推动活塞做功。这一发现激发了他研究的兴趣。一个密友评价瓦特："在他看来，每个难题都意味着一项新的富有挑战性和诱惑力的工作，我非常了解他这个人，除非确信某项工作毫无价值或者已经从中得到了他想要的东西，否则他是不会半途而废的。"1768 年，瓦特成功制成一款装配有分离式冷凝器的原型机。1769 年，他为这项发明成果申请了专利，有效期到 1800 年。

不过，事情的发展并非如想象的顺利。1769 年 9 月，第一台瓦特蒸汽机样机终于完工，但实验测试结果证明这是一件"拙劣的作品"。气缸的铸造工艺粗糙不说，活塞密封性能差，管式冷凝器的冷却效果也令人失望，瓦特不得不承认，与大型实用发动机相比，样机不过是件简陋的小玩具而已。但瓦特相信他利用蒸汽的方法是正确的，现在需要的就是一座拥有一流机械加工工艺设备和技术工人的工厂来制作他的蒸汽机。

就在瓦特准备继续大干一场的时候，打击接踵而至。先是合伙人破产，无力支付相应的蒸汽机专利费。他的妻子又死于分娩，还留下六个儿女需要瓦特抚养。工作和生活中的双重打击让瓦特一度灰心丧气，甚至想离开英国去国外碰碰运气。但命运最终留住了瓦特的脚步，为他送来了改变人生的合作伙伴——马修·博尔顿。博尔顿来自当时英国机械工业的中心伯明翰，他的工厂有瓦特迫切需要的熟练的技术工人和最先进的工艺设备。博尔顿还是位有远见的商人，在看出蒸汽机会在今后的工业生产中大有作为后,他很快从瓦特的前合伙人手中获得了蒸汽机专利2/3的股份,确立了和瓦特长期而稳固的合作关系。

1782年,一种全新的效率显著提升的、可用于一切动力机械的联动式蒸汽机诞生了。不久之后,瓦特蒸汽机逐渐取代了老式的纽卡门机。用瓦特自己的话来说:"蒸汽具有不可思议的力量,从来不曾有哪一个巨人能具有这么大的力量。只消我们知道怎样去驾驶它,那么我们可以利用它来做的事将是无穷尽的。"此后,棉纺织业率先实现了机械动力的蒸汽化,工厂制首先在英国确立起来。

从1782年瓦特蒸汽机诞生开始到1802年克莱德运河上响起"夏洛特·邓达斯"号的发动机轰鸣声,再到1814年斯蒂芬森带领人类驶入铁路时代,32年间,瓦特的蒸汽机征服了海洋和陆地,使英国成为世界上第一个工业化国家。而这个国家将征服整个世界,成为"世界工厂"。

 历史之音

新动力和新机器连同它们几乎无穷无尽变革中的力能在不列颠突飞猛进的时候,它们震撼了这个社会……

——克拉潘《现代英国经济史》

W. 汤普豪森的漫画《它究竟能跑多快?》(19世纪初)

供抽水用的那种老式蒸汽机的改良工作在此后相当长的时间里未能再取得新的进展,这一点完全可以归咎到詹姆斯·瓦特头上。他在这方面无意中扮演了一个反面角色,阻断了老式蒸汽机的改良工作原本可能会出现的大跃进。原来瓦特为了保护自己的专利权,简直到了不择手段的地步,动不动就控诉他人侵犯了自己的专利权;这样一来,18世纪八九十年代涌现出的诸多新技术都被他用这样那样的理由推到了后台,得不到应用。乔纳森·霍恩布洛尔(Jonathan Hornblower)的遭遇就是一个典型的例子。霍恩布洛尔发明了一种复合式双气缸蒸汽机,这种蒸汽机的创新之处在于将主缸中使用完毕的水蒸气导流至次缸中,并对其所含余热进行二次利用,这样一来,高温水蒸气所含能量就会被"吃干榨尽";而瓦特式蒸汽机则利用分离式冷凝器直接对高温水蒸气进行冷却,高温水蒸气所含的热量就白白浪费掉了。相比之下,霍恩布洛尔发明的复合式蒸汽机显然热效率更高。可瓦特非但没有向霍恩布洛尔虚心学习,反而恶人先告状,指斥霍恩布洛尔发明的复合式蒸汽机完全没有创新性,所谓"次缸"不过是个"噱头",实质上就是一种改头换面后的分离式冷凝器,进而污蔑霍恩布洛尔侵犯了他的专利权,随后还威胁霍恩布洛尔要借助法律手段来"收拾他"。可怜的霍恩布洛尔在重重压力之下最终不得不选择放弃,不再继续改良和完善自己的发明成果,于是原本前景看好的一条技术创新之路就此走到了尽头。直到19世纪以后,霍恩布洛尔当年发明的这种复合式双气缸蒸汽机才又一次受到人们的重视,最终总算得到了广泛应用。

——罗伯特·艾伦《近代英国工业革命揭秘:放眼全球的深度透视》

1825年9月27日早晨发生的情景是难以描述的。许多参加这一历史事件的人整夜都不能合眼,一直站着。……列车在预定的时刻开动了。"运动"号火车头由它的制造者——斯蒂芬森——驾驶带着列车走,火车头后面是六节装煤和面粉的车厢;在这六节后面的车厢里坐着铁路的经理和老板,后面又是二十节改供乘客用的煤车,都挤满了乘客……铁路两旁人山人海,许多人跟着火车跑;另外一些人骑在马上沿路旁跟随着火车。……加快行进速度达每小时15英里(24千米)。列车进入达林敦车站时,才知道车上共有450个乘客,列车载重共90吨。

——当事人记述斯托克顿与达林敦之间铁路通车情况

19世纪欧洲对世界的支配与其说是以其他任何一种手段或力量为基础,不如说是以蒸汽机为基础。

——斯塔夫里阿诺斯《全球通史:从史前史到21世纪》

市场总是在扩大,需求总是在增加。甚至工场手工业也不再能满足需要了。于是,蒸汽和机器引起了工业生产的革命。

——马克思、恩格斯《共产党宣言》

19世纪40年代的铁路建设为联合王国后来约5000英里(约8000千米)的铁路干线奠定了基础,其中包括爱尔兰的400英里(约650千米)铁路线。1886年不列颠已建成的铁路线达17000千米……大不列颠在铁路建设方面所作出的巨大努力使它的铁路设施居各国之首。根据地区性铁路里程的对比,19世纪50年代大不列颠的铁路里程数为比利时的3倍,或为美国的纽约州和宾夕法尼亚州的3倍,比法国和德国高出6倍。

——整理自考特《简明英国经济史:1750年至1939年》

像英国这样一个贵族的国家却成功地为人民提供物品,而法国这样一个民主国家,却只会为贵族而生产。

——阿萨·勃里格斯《英国社会史》

它(英国举办的第一届世界博览会)的壮丽不是指某件物品,而是由所有东西组成的天下独一无二的大会聚;在这里你能找到人类工业所能创造的所有东西……这里的工业产品相当于阿拉伯的大集市,是阿拉伯神话中的神灵创造出来的集市,因为只有用魔法才能让世界各地的货物全集中在这里……工业资本主义的力量,犹如一双超自然的手,将这次博览会的展品装扮得色彩缤纷、魅力四溢。

——托马斯·麦格劳《现代资本主义——三次工业革命中的成功者》

第三节 "最好的"和"最坏的"时代

回顾工业革命和工业化的历史,人们往往会认为这是人类历史发展的新纪元,新的技术引领人类从农业文明走向了工业文明。但这段历史带给我们的不仅有发展和进步,也有失误和教训。正如生活在工业革命时代的英国著名作家狄更斯所说:"那是最好的年代,也是最糟的年代;那是光明的时节,也是黑暗的时节;那是希望的春季,也是悲伤的冬日。"

一、"城市化"与"环境污染"

工业革命改变了人类历史的进程,对政治、文化、社会、生活等方面产生了深远的影响,尤其是主导了英国城市化的进程。

随着纺纱机、织布机和作为动力的蒸汽机的出现和广泛应用,工厂被广泛建立。英国工厂的生产规模不断扩大,大批农村人口流入城市,城镇范围不断扩大,城市化进程加速推进。曼彻斯特作为近代城市化发展的典型代表,其人口迅速从1801年的7.5万增长到1871年的35.1万。1861年,法国城市人口比例为28.9%、美国城市人口比例为19.8%的时候,英国的城市人口的比例已达62.3%。以城市为基地的工业体系将生产、服务、居住、消费等集中在同一地域,从而产生出巨大的、前所未有的社会效益。恩格斯在评论伦敦时曾指出:"这样的城市是一个非常特别的东西,这种大规模的集中,250万人聚集在一个地方,使这250万人的力量增加了100倍。"

工业革命和城市化发展如同一把双刃剑,在推动了人类历史的巨大进步的同时,也不可避免地导致了环境恶化。英国的"母亲河"泰晤士河,一度因工业革命而受到严重的污染,在伦敦引发了四次大规模的霍乱。1878年,在泰晤士河曾发生过一次沉船事件中,很多人的死因是喝了遭到污染的河水而不是溺水。英国人甚至把1858年称作泰晤士河的"奇臭年"。

城市空气污染也是一个严重的环境问题。随着蒸汽机的推广,煤炭成为主要燃料。英国的煤炭产量和消费量都在急剧上升:煤炭产量由1816年的1600万吨迅速上升到 1856 年的 6500 万吨;煤炭消费量由 1800 年的 1000 万吨增长到 1856 年的 6000 万吨。除了工业生产的设备,居民生活用的取暖设备和烹饪设备,也大多使用煤炭作为燃料。煤炭在燃烧过程中产生的有毒气体排放到空气中,导致了严重的大气污染问题。19 世纪后期,空气污染导致的呼吸系统疾病已成为非常严重的公共健康问题。纵观 19 世纪的伦敦,一共发生过 25 次毒雾事件,在 1880 年、1891 年和 1892 年的毒雾事件中,死于支气管炎的人数分别比正常年份高出 130%、160% 和 90%。

历史之音

约翰·利奇的漫画《泰晤士河老爹》(1858 年),图中泰晤士河老爹在向伦敦的美女介绍他的子孙:白喉、淋巴结核、霍乱

漫画《都市贫民窟》(19 世纪初)

　　西方学者约翰·尤·内夫曾说:"我们发觉……在这世界里,前所未有地挤满了人——人们在巨大城市的人行道上互相推挤,人们不自在地隐居在高大公寓的小房间内沉思或空想;在这世界里,充满了流线型汽车、有轨电车和飞机;这世界受到了来自传声筒的唱声的干扰,遭到了新闻标题以及电影中的不断变化的镜头的攻击。"

——斯塔夫里阿诺斯《全球通史:从史前史到 21 世纪》

　　大工业……首次开创了世界历史,因为它使每个文明国家以及这些国家中的每一个人的需要的满足都依赖于整个世界,因为它消灭了以往自然形成的各国的孤立状态。

——马克思、恩格斯《德意志意识形态》

在这里,文明创造了自己的奇迹,而文明人则几乎又变成野蛮人。从这条污浊的排水管中,排出人类工业的最大一股潮流去滋润全世界,从这条肮脏的下水道中,排出纯金的潮流。在这里,人类的发展成就既是最完备的,又是最野蛮的。

——阿萨·勃里格斯《英国社会史》

二、 工厂制度与"血汗工厂"

在英国的棉纺织业中首先出现了近代工厂制度。机器的使用使得工厂中的雇佣劳动力越来越集中,劳动分工越来越精细。从工厂主的意愿出发,总是希望最大可能地发挥机器的效能,最大限度地发挥劳动者的工作潜能,最大程度地使两者的节奏保持一致。为此,工厂主会制订出相应的规章制度,通过制度化和规范化的管理模式来最大化地利用时间,以达到促进生产的目的。

首先,时间成为生产的一部分。一个工人的延误也许就会影响到整个工序的进度,所以工人不再能够和以往一样自己支配时间,而必须在固定的时间做相应的工作。为训练工人的守时习惯,有的工厂主用打铃来召集工人,有的则专门雇用监工来分配工人的任务、监督工人上下班。

其次,时间还意味着利润。马克思曾引用某工厂视察员的话:"时间的原子就是利润的要素。"为了攫取尽可能多的剩余价值,工厂主们想尽方法延长工人的劳动时间,甚至雇用大量价格低廉的童工。童工劳动时间长,工资低,但劳动强度却和成年人无异。在英国工业革命期间,童工人数差不多占工厂工人总人数的1/2。根据1841年的调查,英国(不包括爱尔兰)在矿区劳动的20岁以下的低龄工人占矿工总人数的26.56%。1842年,英国童工职业问题委员会(矿山)的报告显示,煤矿招收的童工中最普遍的是 8 至 9 岁,更有招收年仅 4 到 6 岁童工的极端现象。在 19 世纪前半叶,纺织业的童工劳动时间为 16 小时到 18 小时,而工作环境更恶劣的矿山童工,他们的劳动时间也要达到每天 12 小时。在兰开夏的沃斯利煤矿,一名 8 岁的童工,他的工资只有成年工人工资的 1/8。

童工劳动时间长、工资低,但是劳动强度却和成年人无异。拉煤车的童工如同拉车的狗,绑着腰带,套着鞍套,带着链条,蹒跚而行。在制造行业,童工不得不在恶劣的工作环境下长时间连续工作。一些疲惫过度的童工一旦跌进机器,后果不堪设想。

工厂制的出现促进了生产的增长,但也暴露出工作时间长、劳动强度大、工作环境差、安全事故多等弊端。工厂主们为了追求利润的最大化,无视工人的基本权利和人身安全,暴露了工业革命的残酷一面。英国童工血泪斑斑的境遇正是工业革命时期"血汗工厂"的一个缩影!

 历史之音

经济史上的事件和人物还沉浸在昏暗中的时候,阿克莱特的名字就成为那些在昏暗中发出最灿烂光辉的名字之一。传统把他看作是通过自己的劳动和发明而致富的工厂主的典型,近代大工业的真正的创始人。

——保尔·芒图《十八世纪产业革命:英国近代大工业初期的概况》

英国史学家哈孟德夫妇曾说过:"工业革命带来了物质力量的极大发展,也带来了物质力量相伴随的无穷机遇……然而,这次变革并没有能建立起一个更幸福、更合理、更富有自尊心的社会。相反,工业革命使千百万群众身价倍落,而迅速发展出一种一切都为利润牺牲的城市生活方式。"

——转引自钱乘旦、刘金源《现代化的迷途》

机器成了一种使用没有肌肉力或身体发育不成熟而四肢比较灵活的工人的手段。因此,资本主义使用机器的第一个口号是妇女劳动和儿童劳动!

——马克思

（在工业革命中）虽然按人口平均的收入有了明显的提高,可是富人的收益明显地大于穷人……拿手织机织工来说,他们在拿破仑战争的早期年代里(工业革命刚开始时)境况不错,可是后来无论是他们的工资还是他们的工作机会都急剧恶化。

——阿萨·勃里格斯《英国社会史》

不列颠工业像吸血鬼一样,只有靠吮吸人血,其中也有儿童的血,才能生存。

——《国际工人协会成立宣言》(1864 年)

英国工业革命时期的童工(1790 年木刻画)

三、 两大阶级的出现与对立

工业化为英国带来了巨大财富。人们有理由相信接下来的英国社会将会是一个幸福指数不断飙升的美好社会,英国人也将过上富足安逸的生活。事实上,确实有人过上了幸福安逸的生活,但只是极少数。随着工业革命的深入,英国的贫富差距越来越大。社会中创造、积累的财富越多,差距就越明显。

1801 年,英国国民收入的 25％掌握在 1.1％的富人手中,而到 1867 年,国民收入的 40％都掌握在 2％的富人手中。面对工业化进程中出现的贫富差距日益扩大的趋势,当时的英国首相迪斯雷利无奈地表示:"英国可以分为两个民族——穷人和富人,他们之间拥有一条巨大的鸿沟。"英国社会随着贫富差距的不断扩大而逐渐分化为两极：一方面，一小部分的贵族和新兴资产阶级，因为垄断了大部分财富而过着奢侈的生活；另一方面，财富真正的创造者——劳动者却没有改善生活的机会，部分劳动者的生活状况甚至更加恶化，成为了富裕社会中的贫困大军。

整个工业革命时期，英国有 1/3 左右的工人家庭始终处于贫困状态，其中工资仅相当于城市工人工资的一半的农业工人的生活更加困苦，面包及土豆是他们的主食，一般两周才能吃上一次肉类。维持生计都艰难的他们，完全享受不到工业化带来的巨大成果。

有人对 19 世纪中叶城市工人住房状况进行了统计：在曼彻斯特，3 个人睡一张床的地下室有 1500 个，4 个人睡一张床的地下室有 738 个；在格拉斯哥，有 1/3 的工人家庭挤在一个房间内生活，且家庭成员数可以多达 10 至 15 人；在利物浦，有 1/3 的工人家庭住在地窖里。

与拥挤住房同时存在的还有令人作呕的卫生环境。一方面，由于通风条件差、常年不见阳光，住房潮湿阴暗，细菌泛滥，容易滋生各种疾病。另一方面，公共卫生设施的缺乏导致了严重的空气污染问题。据 1845 年的调查，在曼彻斯特某个街区的 7000 位居民，仅有公共厕所 33 个，平均每 212 人共用 1 个厕所，不少厕所甚至连排污沟也没有，空气污染问题严重。而在一些居民供水设施严重缺乏的地区，人们只能得到间歇性供水，有些人干脆到露天水井或河流去取水，连这些水源是否受到污染也无暇关心。

格拉斯哥的工人因疾病而死亡的比例从 1821 年的 2.8% 很快上升到 1843 年的 40%。19 世纪上半叶的曼彻斯特，社会下层百姓的平均寿命只有 17 岁；在兰开斯特，1841 年死亡的 10 万余名工人的平均寿命只有 22.1 岁。

 历史之音

资产阶级在它的不到一百年的阶级统治中所创造的生产力，比过去一切世代创造的全部生产力还要多，还要大。

——马克思、恩格斯《共产党宣言》

新生的工业能够这样成长起来,只是因为它用机器代替了手工工具,用工厂代替了作坊,从而把中等阶级中的劳动分子变成工人无产者,把从前的大商人变成了厂主;它排挤了小资产阶级,并把居民间的一切差别化为工人和资本家之间的对立。

——恩格斯《英国工人阶级状况》

英国工人阶级的历史是从 18 世纪后半期,从蒸汽机和棉花加工机的发明开始的。大家知道,这些发明推动了产业革命,产业革命同时又引起了市民社会中的全面变革,而它的世界历史意义只是在现时才开始被认识清楚。

——恩格斯《英国工人阶级状况》

在暴徒彻底破坏一个价值一万镑以上的工厂设备时,他们——残废军人们——不得不撤退了,不得不充当观众的角色。星期一的那一天就是这样过去了。星期二早晨,在离开博尔顿前不久,我们听到他们的鼓声是在离此两英里(约 3.2 千米)左右的地方。他们公开的意图是,夺取博尔顿城市,以后再夺取曼彻斯特和斯托克波特,并从那里开向克罗姆福德,不仅要在这些地方而且要在全英格兰打坏机器。

——转引自保尔·芒图《十八世纪产业革命:英国近代大工业初期的概况》

工人要学会把机器和机器的资本主义应用区别开来,从而学会把自己的攻击从物质生产资料本身转向物质生产资料的社会使用形式,是需要时间和经验的。

——马克思《资本论》

工人阶级第一次反抗资产阶级是在产业革命初期,即工人用暴力来反对使用机器的时候。

——恩格斯《英国工人阶级状况》

史学动态

一、 工业革命为什么首先发生在英国?

工业革命是英国历史上一件具有历史性意义的大事件。它不仅促进了英国经济的腾飞,而且还推动了英国社会巨大的社会变革的发生。它不仅在英国的历史中占有重要的地位,而且对世界其他国家的经济和社会发展也产生了重要的影响。但是,工业革命为什么会首先发生在英国,而不是其他国家? 这是一种历史发展的必然还是偶然呢? 国内英国史学界长期关注和讨论这一问题。

英国工业革命发生的原因是学术界长期争论的一个问题。有的学者主张"单因论",即认为英国工业革命是一种主要的因素造成的。还有学者主张"多因论",即英国工业革命是多种因素共同作用的结果。另外还有所谓的"进化论"和"革命论"的争论。"革命论"者认为英国工业革命是在短时期内发生的一种剧烈的社会经济大变革,而"进化论"者认为工业革命是一个持续了很长时间的逐渐演变的过程。[①] 学者们也集思广益,纷纷表达了自己对这一问题的看法。传统观点认为,工业革命之所以率先发生在英国是由于英国拥有一系列得天独厚的社会经济条件。

李世安认为,英国保险公司操纵着对外贸易,对国际市场信息量的垄断使得其在政治上的力量不容忽视。而随着英国银行业和外汇市场的发展,伦敦成为吸引欧洲人的金融市场。金融资本逐渐成为英国得以进行工业革命的一大条件。[②] 此外,他还指出,英国之所以是第一个现代化国家除了本身优越的条件,经济制度上的几点创新也有十分重要的意义。一是通过保险业扩张了银行和外汇业务,充分发挥了英格兰银行的作用;二是鼓励技术发明;三是用货币代替实物,改变了分配形式,促进了物资的储备;四是发明股票,将个人零星资本融汇为大宗资本。[③]

王章辉认为农业革命为工业革命的开展创造了一切必要的前提。英国的农

---

① 吴于廑、齐世荣主编:《世界史:近代史编(上)》,高等教育出版社 2001 年版,第 1 页。

② 李世安:《欧美资本主义发展史》,中国人民大学出版社 2004 年版,第 94 页。

③ 刘成:《英国制度创新及其世界意义——中国英国史研究会第八届年会学术综述》,《史学月刊》2004 年第 10 期,第 117 页。

业革命是现代化的先导和基础。① 此外,17 世纪中叶的英国资产阶级革命推翻了封建专制制度、政府的内外政策有利于资本生产的发展、安定的社会环境、统一的国际国内市场以及丰富的煤铁资源都为英国率先进行工业化创造了较好的前提条件。②

蒋孟引指出,英国能够开展工业革命的两个必要的前提分别是英国的资本原始积累和资本主义手工工场的发展。这两个因素极大地促进了英国资本主义的发展。③

阎照祥指出,英国的工业革命是在各项条件都具备的情况下展开的。圈地运动和农业的全面改革、殖民掠夺、国内外贸易的发展和市场体系的形成,为英国开展工业革命提供了必需的资本、劳动力和市场。立宪君主制的建立和国内政局的相对安定则为之准备了必要的政治条件。而 17 世纪以来的自然科学的领先发展,又为发明创造提供了理论基础。同时,英国还是世界上发展最快、最早建立金融机构的国家。这些因素共同促成了英国工业革命的发生。④

刘淑敏认为英国首先发生工业革命离不开这三个条件:一是英国最先完成了资本的原始积累,二是英国具备先进的科学技术条件,三是英国制定了有利于发展资本主义工商业的政治法律制度。她认为,英国资产阶级革命后,英国的贵族进行了政治变革,使得英国的原始资本积累得到了政治和法律的保障。而圈地运动造成的土地和生产资料的集中在促进资本主义农场经济发展的同时也为城市工业资本的发展创造了条件。英国的殖民掠夺及本国的国债和关税制度也刺激了英国资本的原始积累,从而使得英国经济得以迅速地发展起来。⑤

许永璋指出,英国工业革命的发生并非偶然,它的前提条件既有政治、经济、科技方面的,也有资产阶级经济学家在思想领域内所作的舆论准备。如:英国资产阶级取得了政权、圈地运动的开展、残酷的海外掠夺、手工工场的高度发展、自然科学的进步及亚当·斯密的经济学说等。⑥

---

① 王章辉:《英国农业革命初探》,《世界历史》1990 年第 1 期。
② 王章辉:《英国和法国工业革命比较》,《史学研究理论》1994 年第 2 期。
③ 蒋孟引主编:《英国史》,中国社会科学出版社 1988 年版,第 413—421 页。
④ 阎照祥:《英国史》,人民出版社 2003 年版,第 248—249 页。
⑤ 刘淑敏:《工业革命为什么首先发生在英国》,《齐鲁学刊》1984 年第 5 期。
⑥ 许永璋编著:《世界近代工业革命》,辽宁人民出版社 1986 年版,第 5—38 页。

阎康年认为,英国能够开展工业革命是受市场贸易、文化条件、政府措施以及精神方面等因素的影响。他指出,英国较早建立的君主立宪政体、从 16 世纪初就较发达的手工业、彻底的圈地运动和市场竞争的作用等对于英国较早实行工业化固然重要,但是仍有一些其他因素。第一,英国原始资本积累前期主要靠农业,其次是海外贸易、掠夺和海盗行径,后期则主要以对外贸易为主,由英格兰银行为海外贸易提供基金。第二,知识和文化条件不容忽视。第三,政府重视和采取一系列有效措施是这次技术革命和产业革命的必要保证。这些措施主要有:颁布专利法,禁止熟练技工出境,禁止工具、机器图纸和机器出口等。第四,精神因素是英国工业革命的重要条件。17、18 世纪英国中下层的商人、手工业者和作坊主的清教徒式的刻苦奋斗和创业精神已形成普遍思潮。[①]

杨豫认为,工业革命之所以首先发生在英国,是因为英国有不同于欧洲大陆国家的独特的社会结构。英国社会结构的最基本特征是形成了以土地贵族——中产阶级——工资劳动者为主体的三层式的社会。英国三层式社会结构的突出特点是社会的开放性和流动性。正是这一特点又促进了生产方式和生产模式的变化,使资本、智力、劳动力和技能能够及时地从生产率较低的传统生产部门转移到生产率较高的新兴工业部门。英国社会结构在对变化着的各种因素作出灵活适应和反应的同时,也在不断地对自身进行调整,这种调整反过来又促进了各种因素(主要是经济因素)的更大变化。产业革命的动力正是在这个互为因果的相互变化的过程中聚积的,造成了经济起飞的必要条件的早熟。[②]

贺力平以图表展示的方式指出,在英国经济起飞的过程中,英国的出口增长扩大了对英国工业产品的需求规模,促使英国工业部门的生产获得了较高速度的增长。英国的出口增长还促进了英国经济结构的调整和改造,这一变动又促使英国建立了以工业国经济为主导的统一的世界市场。所以说出口的增长是英国工业革命和经济起飞的动力。[③]

许洁明认为,工业革命首先发生在英国是社会、政治、地理等多方面因素综合作用的结果。包括优越的岛国位置和自然条件、不列颠社会结构的开放性、18 世

---

① 阎康年:《三次技术革命和两次产业革命的历史经验》,《世界历史》1985 年第 4 期。
② 杨豫:《英国的社会结构与经济起飞》,《世界历史》1986 年第 6 期。
③ 贺力平:《英国历史上出口增长对其经济起飞的推动作用》,《世界经济》1988 年第 1 期。

纪英国的农业革命、外部世界的贡献等。[1]

钱乘旦和陈晓律认为,工业革命的动力来自人们对财富的追求。只有人的谋利动机转化为目标合理的社会行动,才可能产生工业革命的动力。这就要求这个国家的社会、政治结构具备以下条件:它既不压制人们的追求,又能把这种追求引导到目标合理的渠道中去。而英国恰恰具备三个得天独厚的重要条件。第一,英国形成了有利于资本主义生长的政治环境。第二,英国与欧洲大陆各国相比有着较为独特的三层式社会结构。第三,在上述两个有利条件下,英国人形成了独有的工业民族精神,即马克斯·韦伯所提出的"合理谋利"精神。"合理谋利"不同于前工业社会中以非经济手段吞占社会财富的谋利手段,它要求通过生产创造新的财富以求致富。这种精神主要起源于新兴的城市中产阶级,在种种因素影响下,他们对财富的追求一开始就带有一种合理谋利的倾向,并逐渐形成了合理谋利的传统。此外,宗教因素对英国"合理谋利"精神的形成也有着不可忽视的影响,隐含在宗教中的合理主义因素为工业精神的形成提供了助力。而在 1688 年"光荣革命"后,一批新兴阶级的思想家从科学理论的角度为新的行为方式和新的经济制度确立了应有的地位,又完成了"合理谋利"精神从宗教到世俗的转化,形成了真正的工业精神。正是由于英国拥有上述三个得天独厚的有利条件,使得工业革命首先在英国发生。[2]

钱乘旦的《变动与适应——对英国现代化过程的再认识》一文表示,工业革命之所以肇始于英国,是因为 18 世纪的英国具有最灵活的社会结构和最宽松的适应机制。同样,英国得以成功地解决工业革命带来的许多新问题,也是由于其灵活的社会制度。工业革命为什么首先发生在英国,钱乘旦认为从技术角度来说主要是因为新机械和新动力的出现。此外,18 世纪的英国恰好具有适应变革发生的机制,在某种程度上鼓励了人们的创造力,即经济上进行了"农业革命"、政治上则拥有相对较宽松的政治制度。[3]

吴于廑等人认为,工业革命最早发生在英国是英国社会、经济、政治发展的结

① 许洁明:《工业文明为什么起源于英国》,《世界历史》1993 年第 2 期。

② 钱乘旦、陈晓律:《在传统与变革之间:英国文化模式溯源》,浙江人民出版社 1991 年版,第 57—66 页。

③ 钱乘旦:《变动与适应——对英国现代化过程的再认识》,《史学集刊》2002 年第 2 期。

果,同时也和欧洲其他国家的影响有关。英国还具有一些特别的优势:第一,英国殖民者通过对殖民地的无情掠夺和奴隶贸易,从海外获取了大量的财富。第二,英国最大的优势,便是存在大量无家可归的流动人口,这也是工业革命所必须的劳动力,而这也正是其他国家所缺少的。第三,英国国内市场形成得较早并且发展较快,以及行会制度比较薄弱,所以商品生产的自由竞争可以更加顺利地发展。第四,英国的交通运输比较发达。第五,手工工场的发展也对英国工业革命起到了很大的作用。手工工场的发展为大机器工业培养、训练出了所必需的工人基干队伍,又为它的发展奠定了组织基础、劳动形式以及工业技术。[1]

二、 工业革命对英国历史发展的影响

张友伦和李节传认为,英国的工业革命对于巩固资产阶级革命的成果,促进资本主义制度的迅速发展都有着重要的作用。工业革命不仅使英国最早实现了自身的近代化和工业化,而且使它在 19 世纪五六十年代成为"世界工厂",得以独占世界贸易霸权和殖民霸权。[2]潘润涵、张执中指出工业革命的首要意义在于为近代资本主义社会奠定了物质基础。在大工业的基础上,资产阶级得以把分散的小生产资料集中起来,消灭了中世纪遗留下来的痕迹,使资本主义占据了统治地位。[3]钱乘旦则将工业革命的结果归纳为"三个比例的变化":工农业比例、手工业和大工业比例、城乡比例。其中工业压倒农业,农业国变成工业国是最根本的变化。他指出以上三个比例的变化在后来的议会改革运动中都有所体现。工业资产阶级真正成为一个阶层并被工业革命推上了权势顶峰;工业无产阶级则是这一时期人数增长最快的阶级。[4]庄解忧认为,英国工业革命促进了城市的兴起和发展。在工业革命期间,英国城市的数量不断增加,规模也不断扩大,城市公共基础设施不断增多,人口也更加密集。[5]杨豫认为,在英国工业革命期间,民众的文

---

① 吴于廑、齐世荣主编:《世界史·近代史编(上)》,高等教育出版社 2001 年版,第 2—4 页。
② 张友伦、李节传:《浅谈英国工业革命的历史意义》,《南开史学》1980 年第 1 期。
③ 潘润涵、张执中:《工业革命与英国社会的近代化》,《历史研究》1983 年第 6 期。
④ 钱乘旦:《论工业革命造成的英国社会结构变化》,中国英国史研究会编:《英国史论文集》,生活·读书·新知三联书店 1982 年版,第 99—122 页。
⑤ 庄解忧:《英国工业革命时期城市的发展》,《厦门大学学报》1984 年第 3 期。

化水平持续上升,基本与经济增长的要求和生产力水平相适应。[1] 许永璋明确指出,工业革命的结果,是在政治革命夺取了政权之后,使资本主义制度得到确立。此外,他指出英国工业革命的具体影响包括:实现了生产力的巨大飞跃、促进了社会阶级结构的变化、促进了自然科学的发展、推动了英国的教育改革、工人成为机器的附庸、激化了资本家与工人之间的矛盾、工人阶级最终登上历史舞台等。[2]

三、 工业革命研究新视角

20 世纪 80 年代,国内关于工业革命的研究在围绕工业革命的起始时间、原因、条件及其影响这几点来展开论述之外,还开拓了新的研究视角。比如,王章辉对英国农业经济和农村劳动力转移与工业革命之间的关系进行了细致的考察和独到的分析。[3] 吴必康选取科技教育发展史的角度,从英国国家权力与技术、教育的关系入手,通过考察 18 世纪工业革命至 20 世纪 60 年代英国政府权力与知识的结合,分析了科技政策在近现代英国兴起和衰落过程中所发挥的重要作用。[4] 高德步则讨论了工业革命期间劳动力转移问题,认为在 18 世纪英国近代工业诞生、"人口革命"导致英国人口不断增长的大时代背景下,劳动密集型生产方式下的技术进步、海外殖民地移民都是造成劳动力转移的重要因素。[5]

随着考察与研究的深入,国内英国史的研究出现了一些新的领域,其中对 19 世纪英国工业革命的反思引发了学术界的热议。在国内英国工业革命研究中,除了一些传统的和富有争议的问题,近几年来随着史料的不断丰富以及学者治学思路的不断开阔,工业革命的研究又逐渐增加了许多新的视角。关于工业革命的研究不再仅仅局限于经济增长、技术进步、资本原始积累等狭小的研究领域,越来越多的学者开始关注与工业革命有关的环境污染问题、劳资关系问题、东西方社会的"大分流"问题等。同时,国内学者对于工业革命的研究的兴趣点也不断增加,

① 杨豫:《英国工业革命与民众文化水平》,《南京大学学报》1994 年第 4 期。
② 许永璋:《世界近代工业革命》,辽宁人民出版社 1986 年版,第 173—233 页。
③ 王章辉:《英国工业化与农村劳动力的转移》,《世界历史》1996 年第 6 期。
④ 吴必康:《世界历史(第 6 册):现代科技和经济发展》,江西人民出版社 2012 年版。
⑤ 高德步:《英国的工业革命与工业化:制度变迁与劳动力转移》,中国人民大学出版社 2006 年版。

有的学者开始涉及英国社会、妇女、人文、儿童等各个方面的研究,其研究深度也不断加深。

作为世界上第一个现代化国家,英国虽然率先享受到工业革命带来的巨大效益和经济利润,但同样也承受着城市环境污染带来的各种后果。有关英国工业革命时期环境史方面的研究十分丰富。刘金源指出,英国工业化时期的环境问题主要包括大气污染、河流污染及糟糕的居住条件等。他还对英国环境问题的成因进行了分析,认为这是种种主客观原因共同造成的:技术方面的制约限制了人们治污的努力;人们漠视的态度助长了环境污染的蔓延;工业化时期主导全社会的"自由放任"理论很大程度上加剧了环境污染。[1] 梅雪芹指出,19 世纪英国城市环境问题主要表现为水体污染和大气污染,由此造成了多种传染病的流行及早期公害的产生。而对于环境问题的成因,她指出 19 世纪是英国城市化基本实现并向发达阶段过渡时期,由于英国工业化和城市化的先行性和开拓性,英国的环境问题也就变得愈加严重。[2] 陆伟芳等则对英国在 19 世纪展开的工业城市环境改造运动进行了介绍。她指出 19 世纪英国的城市环境建设以 40 年代为界分为起步阶段和引起广泛关注这两个阶段,并分别进行了详细的叙述。[3] 李宏图则指出,在生产和利润最大化的企业法则支配下,英国工业的发展给环境带来了巨大的破坏。实际上,工业发展得越快,机器使用的规模越大,对环境的破坏也就越严重,英国出现了煤炭污染、河流污染、自然环境和城市环境恶化等环境问题。而英国政府除了依靠企业的自主行动,更多的是通过法律的手段来逐渐解决这些环境问题。[4]

宋严萍对英国工业革命时期的工厂女工的状况进行了研究。她指出工厂女工只是被迫进入工厂,而不是为了经济独立,更不是为了寻求自身的解放和男女平等。她们的处境没有因为外出工作而有所改变,社会地位和家庭地位的提高只是一种设想,她们也不是最早获得解放的妇女。[5] 庄解忧从人口的角度出发来分

---

① 刘金源:《工业化时期英国城市环境问题及其成因》,《史学月刊》2006 年第 10 期。

② 梅雪芹:《19 世纪英国城市的环境问题初探》,《辽宁师范大学学报》2000 年第 3 期。

③ 陆伟芳、于大庆:《19 世纪英国工业城市环境改造》,《扬州大学学报(人文社会科学版)》2001 年第 4 期。

④ 李宏图:《英国工业革命时期的环境污染和治理》,《探索与争鸣》2009 年第 2 期。

⑤ 宋严萍:《论工业革命时期的英国工厂女工的状况》,《史学月刊》2003 年第 9 期。

析英国工业革命时期人口的变化状况,帮助更加深入地理解人口因素在英国工业革命中的作用。[1] 王章辉也曾就英国工业革命中的人口问题进行探究,尤其是针对学术界中存有争议的人口增长与工业革命的关系问题进行了深入的剖析。[2] 此外,还有大量英国工业化时期有关英国工人的工资与生活水平、英国童工问题、英国工人的婚姻家庭状况等方面的研究。徐滨对英国工业革命时代的农业工人的工资和生活水平进行了研究。他指出,作为工人阶级的重要组成部分,英国农业工人在经历了相当长时期的实际工资水平停滞和下滑后,直到 1820 年后方才迎来生活水平的改善,但与工业工人相比,其改善是滞后且有限的。[3] 还有些学者从实际工资的角度来分析英国工业革命时期工人的生活水平。[4] 英国工业化时期的犯罪问题也有学者关注,许志强指出,工业化时期,英国的犯罪与失序问题变得日益严峻,以盗窃、抢劫为主的财务犯罪尤为猖獗。而犯罪与失序问题的加剧又与底层民众的赤贫化、生存环境的恶化密切相关。[5] 国内关于英国儿童史的研究,从 19 世纪英国史的研究角度看,长期被湮没在英国工业革命史的研究之中。近些年,英国工业革命时期的童工问题,下层儿童童年生活的转型问题成为考察和评价工业革命前后英国社会的一个重要的视角。[6] 施义慧在《工业革命时期英国童工的由来与解决》一文中就前工业化和工业革命时期的童工问题进行了研究。尤其以扫烟囱儿童为例,她指出在工业革命时期,童工劳动成为各种行业的普遍现象。[7]

---

[1] 庄解忧:《英国工业革命时期人口的增长和分布的变化》,《厦门大学学报(哲学社会科学版)》1986 年第 3 期。

[2] 王章辉:《英国工业革命中的人口问题》,《世界历史》1986 年第 4 期。

[3] 徐滨:《工业革命时代英国农业工人的工资与生活水平》,《首都师范大学学报(社会科学版)》2011 年第 3 期。

[4] 赵虹、田志勇:《英国工业革命时期工人阶级的生活水平——从实际工资的角度看》,《北京师范大学学报(人文社科版)》2003 年第 3 期。

[5] 许志强:《英国工业化时期的犯罪问题及其社会成因》,《世界历史》2015 年第 2 期。

[6] 施义慧:《19 世纪英国下层儿童生活史研究述评》,《史学月刊》2008 年第 4 期。

[7] 施义慧:《工业革命时期英国童工的由来与解决》,陈晓律主编,《英国研究(第 1 辑)》,南京大学出版社 2009 年版,第 145—167 页。

教学撷英

一、为什么英国工业革命早期的创新和发明集中在棉纺织业?

师：英国传统的纺织业是什么?

生：毛纺织业。

师：对,在英国,毛纺织业一直是最重要的"民族工业"。虽然在 17 世纪末,来自东方的印花棉布一度成为毛织品的强劲竞争对手。但是,1700 年的一道法令禁止了印度、波斯和中国的印花织物输入英国。还有法律禁止英国人仿造印度棉布,禁止输出羊毛和活羊,限制英国的属国生产和输出毛纺织品。1773 年的一项法令甚至禁止人们在海滨 5 英里(约 8 千米)以内剪羊毛。更令人叹服的是,毛纺业对市场的独占还扩展到死人身上:1678 年的一项法令规定,凡死在英国领土上的人一律要用毛织的寿衣入殓。

毛纺业得到的法律保护还有另一个层面。为了让这个"伟大"的产业健康发展,在整个 18 世纪,英国议会颁布了大量法令,对毛纺织品的质量、尺寸、织染方法、设备流程等方面定下了非常详尽的强制性规则。英国政府还任命了大批专门的官吏,如测量员、督察员和检查员负责执法。但是，欺诈还是层出不穷，执法官吏也参与其间成为共犯。颁布如此严密的法令的目的是保证毛织品的品质优良，但是会不会导致其他问题呢？

生：严密的法令可能会限制这一行业的技术改良，因为稍有不慎，便会触犯法律。

师：所以在这样的情况下，棉纺织工业最先实现机械化，因为英国公众已越来越喜爱最初从印度进口的棉织品。强大的旧毛纺行业在 1700 年设法通过了禁止进口棉布或棉织品的法律背后的事实是，人们对棉织品的使用已非常广泛。法律并未禁止棉布的制造，这就为当地工业创造了一个独特的机会，有魄力的中间人很快抓住了这一机会。

二、 为什么工业革命的发明唯蒸汽机以"蒸汽时代"的称呼被铭记？

师：有一个问题请大家思考。在生产中大规模使用机器，最终促成了现代工厂的诞生。但是这些工厂却有着共同的局限，它们几乎无一例外地选择了靠近河流的地方作为厂址，为什么？

生：这是因为到 18 世纪初，带动机器运转的设备还是风车和水排。这些设备使用水作为动力。人类使用水力有将近两千年了吧。

师：这种状况，会对现代工厂的发展产生哪些影响？

生甲：负面影响居多，水流湍急的地方多为山区，原料和产品运输不便，会造成生产成本提高。还有招收劳动力也不方便，没有城镇方便。

生乙：依靠水利还需要考虑枯水期动力不足的问题。

师：看来这种自然界提供的动力源，受制于地域和时间，严重制约了生产。人们迫切需要新的动力。

生：时代需要铸就了瓦特的传奇。

师：蒸汽机并不是瓦特发明的,当时很多人都在努力开展寻找新动力的研究。瓦特21岁时到格拉斯哥大学当教具实验员,负责修理和制造仪器。1761年瓦特开始了对蒸汽机的实验。1763年,瓦特修理了纽卡门蒸汽机。1768年瓦特为蒸汽机增加独立的凝汽室,1769年他获得专利权。1782年,瓦特研究发明的万能蒸汽机获得专利。

它武装了人类,使虚弱无力的双手变得力大无穷,健全了人类的大脑以处理一切难题。它为机械动力在未来创造奇迹打下了坚实的基础,将有助并报偿后代的劳动。

——瓦特的讣告

师：蒸汽机的使用带来了哪些影响?

生甲：工厂使用蒸汽机,生产效率大大提高。因为需要大量生产和使用蒸汽机,所以冶金和采矿业得到发展。

生乙：蒸汽机后来还被运用到了火车和轮船上,使得运输更加便捷。

生丙:蒸汽机的使用使得工厂的选址脱离了河流的限制,可以开在人口密集的平原地区,使得市镇得到发展。

师:这里的材料和数据可以补充大家的结论。

1785 年,英国出现了第一家以蒸汽为动力的棉纺厂。

1802 年,以蒸汽为动力的汽船在英国投入使用。

1814 年,乔治·斯蒂芬森制造出第一台蒸汽机车。

19 世纪三四十年代,蒸汽机在欧洲和北美被广泛采用。

英国离开农业的人口总数:1751—1780 年间为 75000 人;1781—1790 年间为 78000 人;1801—1810 年间为 138000 人;1811—1820 年间为 214000 人;1821—1830 年间为 267000 人。

1851 年时,英国总人口为 1800 万,其中农村人口占 48%,而城市人口占 52%。

纺织业、采矿业和冶金业在瓦特蒸汽机的带动下得到了迅猛发展,而为了制造瓦特蒸汽机,机械制造业也繁荣了起来,火车和汽船的发明开启了海运和陆路运输的新时代,人类进入了"蒸汽时代"。
英国生产的各个领域广泛运用蒸汽动力这种不受自然条件限制的新动力,从而极大地推动了城市化进程,人口流动的数字可以充分说明这个问题。同期的法国、美国仍然是农村人口占较大比重，德国、俄国也是农村人口占全国人口的绝大多数，与英国相比，这些国家简直是"巨大的村庄"。

不过，千万不要以为蒸汽时代的到来影响的仅仅是生产领域，生活领域也有很大的变革。比如，在效率较低的马车时代，人们的时间观念仅仅停留在月、星期、天。当火车出现后，人们的时间观念开始精确到小时，甚至分钟。这不仅仅是生活方式的改变，也是思想观念的变革。

随着蒸汽时代的到来，到了 19 世纪中叶，英国逐渐确立了以蒸汽、纺织、煤炭、钢铁为核心的现代工业体系。

第三章
光荣与梦想

　　"光荣革命"后的英国逐渐强大起来,先后击败了西班牙与荷兰,海外扩张的欲望与日俱增。英法"七年战争"结束后,英国彻底控制了制海权。与拿破仑的"无敌铁军"激战后,英国占领的海外殖民地越来越多,开创了以英国为中心的世界市场。第一次工业革命后,以英国为中心的资本主义世界市场进一步发展,英国把分布于各大洲不同民族、语言的地区纳入其统治范围,霸权地位达到顶峰。第二次工业革命后,美国、德国等新兴国家先后崛起,对英国的霸权构成挑战,但凭借几个世纪积累起来的海上实力、全球交通和通信优势,英国依然处于世界市场的中心地位,且最终把所有国家和地区都纳入资本主义经济体系内。

　　历经两次世界大战,英国的经济与军事实力受到重创,尽管英国不断调整政策来应对变化的世界,但终究不得不将霸主之位移交美国,历时两个多世纪建立起来的大英帝国用了短短不到 30 年就分崩离析了。

第一节　维多利亚时代

维多利亚女王是英国历史上最伟大的君主之一,她从 18 岁继承王位到 82 岁去世,在位 60 余年,是英国历史上在位时间第二长的女王。这位在国事上被认为几乎什么都不做的女王使得英国的君主立宪制得到充分发展,开创了至今都让英国人津津乐道的黄金时代,史称维多利亚时代。

一、"欧洲的祖母"

维多利亚是英国汉诺威王朝最后一位君主。1837 年,18 岁的维多利亚登上宝座,在威斯敏斯特大教堂举行了盛大的加冕仪式。这位出生于伦敦肯辛顿宫、从未在皇宫中生活过的少女在加冕仪式上大声朗读了一份声明,表现出的镇定与威严完全超乎大臣们的想象。

年轻的维多利亚在政务上依靠比她年长 40 岁的首相墨尔本勋爵,他像慈父一般教她如何在政治漩涡中平衡各方利益。维多利亚谦逊勤奋,她每天要处理很多文件,这些文件都放在红色的公文箱里,足足有 10 箱。据统计她平均每天批阅文件和书信所留下的文字约有 2500 字,总数达 6000 万字之多。维多利亚女王的上台强烈冲击了英国政坛,她了解自己所承担的责任,很好地平衡了君主与政府的关系。除了参加每年一次的议会开幕式外,维多利亚基本只在皇宫里处理政务,减少国王干预国事;她鼓励辉格党和托利党联合执政,使英国近代的两党制慢慢成熟。对于上升时期的英国资产阶级而言,维多利亚基本顺应了时代潮流,展现了她的治国之才。

维多利亚一生育有 9 个孩子,但由于与丈夫阿尔伯特亲王是近亲通婚,4 个王子中的 3 个都是血友病患者,5 个公主都是血友病基因携带者,他们成人后分别与欧洲各国王室联姻,这在使维多利亚成为"欧洲的祖母"的同时也使这一可怕的疾病在欧洲王室中蔓延,很多王室成员相继去世。1861 年,丈夫阿尔伯特亲王英年早逝,女王悲痛欲绝,从此只穿黑色丧服,即使公开露面也不戴王冠。维多利亚女王对于丈夫的忠贞、对于家庭的热忱、对于国事的高度责任心,使她成为了那个时代英国资产阶级的精神典范。

历史之音

"欧洲的祖母"

维多利亚的后代大多与欧洲各国的王室成员联姻。

维多利亚的长公主是德国腓特烈三世的皇后,她的一个儿子就是后来发动第一次世界大战的德国皇帝威廉二世,一个女儿是希腊皇后。

女王的第二个孩子就是后来即位的英国国王爱德华七世,他的一个女儿后来成了挪威国王哈康七世的王后。

女王的第三个孩子爱丽丝是德国西南黑森亲王路德维希四世的王妃,她的一个女儿是俄国末代沙皇尼古拉二世的皇后,另一个女儿是现在英国女王伊丽莎白二世的丈夫菲利普亲王的外祖母。

维多利亚还有三个女儿,其中两个分别是德国南部巴登堡和德国北部石勒苏益格-荷尔斯泰因亲王的王妃,另一个嫁给了苏格兰的一位公爵,后来成了加拿大的总督。

"欧洲的祖母"维多利亚女王"全家福"

女王的儿子们则是娶了丹麦、俄国和德国各地的公主、郡主们为妻。

正因为如此，维多利亚女王又被称为"欧洲的祖母"。女王在世时，曾有一张和这些著名的孙辈亲戚的全家福合影，令人感慨的是，第一次世界大战其实也是这些亲戚间的战争。

维多利亚女王管辖着"一个大陆、100 座半岛、500 个海角、1000 个湖泊、2000条河流，以及 1 万座岛屿"。

——摘编自《圣詹姆斯杂志》

在(维多利亚女王登基六十周年庆典)游行队伍中，有来自新南威尔士的骑兵，有来自加拿大的轻骑兵，来自驻纳塔尔的皇家苏格兰龙骑兵卫队，来自卡内尔的骆驼骑兵部队，还有印度大君帕塔布·辛格爵士所统帅的印度帝国仪仗队，各自治领、各皇家殖民地的属地的骑兵或警察：锡兰的小锡兰兵、黄金海岸的豪萨兵等的综合队。

——摘编自 P. J. 马歇尔主编《剑桥插图大英帝国史》

二、 世界贸易中心

大英帝国的庞大不仅体现在帝国版图和人口统计数据上，根据《新资本论》记载："1914 年，英国在海外资本投资的名义总价值达 38 亿英镑，占世界境外投资总资产的 40%—50%，是法国海外投资的两倍，德国海外投资的 3 倍多。"[①]一个经济体能拥有如此高比例的海外资产，可谓空前绝后。相比其他欧洲经济体，英国资金的投资区域也更为分散，海外投资中的 45% 投在美国和白人殖民地上，6% 投在西欧，13% 投在非洲，16% 投在亚洲，还有 20% 投在拉美地区。凭借海外投资的高收益，英国不断扩大其势力范围，通过商业谈判促使国家和地区接受自由贸易，如摩

---

① 向松祚：《新资本论》，中信出版社 2015 年版。

洛哥、土耳其、日本、暹罗、南海诸岛和拉美诸国等都与英国签订了贸易条约。到19世纪末，英国有一半以上的贸易合作伙伴来自欧洲以外的地区。

工业革命后，英国被称为"世界工厂"，通过商品输出打开他国的市场，有人说"日不落帝国"不是英国的殖民军队和海军将领们通过军事上的征服缔造的，而是英国的工业家们利用商品开创的。有这样一组数据："1854—1856年间，英国的出口贸易中，原材料占7％，食品占8％，工业制造品占85％。同期的进口贸易中，原材料占61％，食品占33％，工业制造品仅占6％。"英国的出口工业商品，从日常消费品到各种生产机械设备，几乎无所不包，同时，技术转让和海上运输、保险等服务出口在贸易收支中的地位日益提高。加上英国商业信息灵通，常常能以最便宜的价格购买到美洲和东欧的小麦和玉米、澳大利亚和阿根廷的肉类、丹麦的乳制品、帝国领地和中美洲的热带物产、马来西亚的锡、南美洲的铁、斯堪的纳维亚的木材等，为"世界工厂"提供了廉价的原材料。

英国还为国际货币体系制定了标准。1868年，英国和它的一些经济依附国，包括加拿大、埃及、葡萄牙、智利和澳大利亚等国，实行的是金本位制。虽然金本位制的基础是黄金，但在当时的国际贸易中，大多数商品以英镑计价，90％的国际结算使用英镑，许多国家的中央银行国际储备也是英镑。在伦敦持有英镑比持有黄金不仅更方便，还有利可图，因为储存黄金非但没有利息，还要付出保管费用，而开设英镑账户却可以获得利息。那时的金本位制实际上就是英镑本位制。

历史之音

北美和俄国的平原是我们的麦田，芝加哥和敖德萨是我们的粮仓，加拿大和波罗的海地区是我们的木材林；大洋洲有我们的牧羊场，阿根廷和北美西部草原上有我们的牛群，秘鲁送来它的白银，南非和澳大利亚的黄金流向伦敦；印度人和中国人为我们种茶，而且我们的咖啡、白糖和香料种植园遍布东印度群岛。西班牙和法兰西是我们的葡萄园，地中海地区是我们的果园；还有我们的棉花地长期以来占据美国南方，现在扩展到世上各个温暖地区。

——英国经济学家杰文斯

对外贸易的真正目的和价值……就是国王的大量收入，国家的荣誉，商人的高尚职业，我们的技艺的学校，我们的需要的供应，我们的贫民的就业机会，我们的土地的改进，我们的海员的培训，我们的王国的城墙，我们的财富的来源，我们的战争的命脉，我们的敌人所惧怕的对象。

——托马斯·孟《英国得自对外贸易的财富》

对外贸易是增加我们的财富和现金的通常手段，在这一点上我们必须时时谨守这一原则：在价值上，每年卖给外国人的货物，必须比我们消费他们的为多。

——托马斯·孟《英国得自对外贸易的财富》

三、 日不落之梦

英国不是世界上第一个拥有广阔领土的帝国，但它是西方历史上最长久、最强大的殖民帝国。1763 年，在英法"七年战争"中击败法国的英国首次骄傲地自称"日不落帝国"，即无论何时，总有一片英国的领土在太阳的照耀之下。到 20 世纪初，大英帝国统治世界四分之一人口，领土总面积占世界陆地面积的 25％，约是德国领土的 10 倍，法国领土的 3 倍。

在北美洲，英国与法国之间的七年战争最终使法国丧失了大片殖民地及尊严，这些殖民地包括现在的加拿大以及密西西比河以东的全部地区。除了美洲大陆，英国在南美洲和西印度群岛也占了不少地方，如南美洲的圭亚那和西印度群岛的牙买加、巴巴多斯等。

在非洲，英国的废奴主义者向西非当地的酋长购买了大片土地，用以安置解放了的黑奴，由于主权在英国，也算作英国的殖民地。又通过强买强卖的方式，英国花 600 万英镑从荷兰手中买下了其在南非和美洲的殖民地。后来英国又通过布尔战争征服了许多非洲部落，最后形成了庞大的南非殖民地。

在亚洲，英国以印度为主展开殖民，成立东印度公司，单从孟加拉一个地方英国人就弄到了 10 亿英镑以上的财富,换算到现在的币值不下千亿英镑。除了印度,英国还有缅甸、泰国等作为其殖民地,伊朗、阿富汗等作为其半殖民地。它在中国也获取了全世界最好的海港之一:香港。

对远东的争夺,英国也冲在了前列。它夺取了婆罗洲的北部、马来西亚以及新几内亚岛的一大部分,还有太平洋诸岛:斐济岛、库克群岛、新赫布里底群岛(今称瓦努阿图群岛)、凤凰岛、吉尔柏特及埃利斯群岛和所罗门群岛等。

大英帝国的领土从英伦三岛向外蔓延,遍及 24 个时区,成了名副其实的"日不落帝国"。当时英国印制的一枚邮票上就绘制着一副世界地图,上面写着"我们拥有了一个前所未有的广袤帝国"。英国所有的学校里都挂着凸显大英帝国版图的世界地图。

历史之音

情况很明朗,只有打败拿破仑,英国才能真正强大起来。这场战争的胜利者必须是欧洲乃至全世界的主人。

——英军统帅纳尔逊(1805 年)

英格兰完全相信这样一句格言:国旗所到之处,贸易随之而来。

——詹姆斯·W.汤普逊《中世纪晚期欧洲经济社会史》

我们似乎……在不经意间就统治了世界上 1/2 的领土和人口。

——约翰·罗伯特·西利《英国的扩张》

四、 文学与科学

有人说英国人才能的全面几乎只有古希腊人能够比拟,无论文学、哲学还是科学领域都人才辈出,维多利亚时代文坛群星荟萃,科学与人文的张力在文学作品中时有流露。

查尔斯·狄更斯(1812—1870年),公认的英国19世纪最伟大的小说家,他在作品中描绘了包罗万象的社会图景,将社会与人性的阴暗面描写得入木三分,塑造出众多令人难忘的人物形象。在他的小说中,尽管英国工业革命轰轰烈烈,但普通大众的生活还是异常艰难。狄更斯对于穷人们苦难生活的真实而生动的刻画让英国统治阶级开始注意到人民的贫苦,并进而开始了一系列的改革。

1850年,狄更斯创办了一本叫《家常话》的期刊,一年的发行量就达到4万份,有几年的销量竟然高达30万份,而那时候英国的总人口数也不过3000万左右。这份综合性期刊以文学为主,同时兼顾其他,科学便是其中重要的一部分。狄更斯邀请具有物理学背景的珀西瓦尔·李执笔,将法拉第著名的"圣诞演讲"改编成短篇连载,文字风趣幽默,老少皆宜。1859年,狄更斯又创办《一年四季》,并在上面发表对达尔文刚出版的《物种起源》的评论。

达尔文的生物进化论是维多利亚时代最大的科学震撼。1859年,达尔文出版《物种起源》,此书发行当天便销售一空,第二年出了第二版,印了3000册,当年下半年又出了第三版,印了2000册,到1872年时已经印到了第六版,而那时的书只要印到300册以上就算是畅销书了。当时的英国社会对这本书也产生了截然不同的两派意见。赞同派中最坚定、最著名的支持者是达尔文的好友赫胥黎,最坚决的反对者就是教士们。为此牛津主教与赫胥黎还展开过一场著名的"牛津大辩论",最终赫胥黎用科学的根据将主教的论点批驳得体无完肤,这场著名辩论以进化论的大胜而告终,进化论不久便牢牢占据了人们的思想,直至今天。

历史之音

科学让我们摆脱迷信。

——狄更斯对亨特的《科学之诗》的评价

狄更斯从来不曾把自己看作革命者,然而他肯定是一个革命者。他对众议院的毫无缓和余地的蔑视……从未动摇过。不过在《艰难时世》中,他就公开地背离了民主,而采取了卡莱尔和罗斯金的理想化的保守主义,认为贵族是人民的主人和上级,同时也是人民和上帝的公仆。

——英国现实主义剧作家乔治·萧伯纳

唯有狄更斯将城市经验写入小说中……只有在城市经验的维度上才能理解狄更斯的天才。

——雷蒙·威廉斯《乡村与城市》

我始终努力保持自己思想的自由,我可以放弃任何假说,无论是如何心爱的,只要事实证明它是不符的。

——达尔文

1859 年成为划分科学史前后两个"世界"的界限。《物种起源》的出版使生物学发生了一场革命,这场革命如同马克思主义登上历史舞台一样,意义重大,影响深远。达尔文远离大城市的烦嚣,在他宁静的庄园里准备着一场革命,马克思自己在世界嚣嚷的中心所准备的也正是这种革命,差别只在杠杆是应用于另一点而已。

——德国马克思主义政治家、律师李卜克内西

我认为《物种起源》这本书的格调是再好也没有的,它可以感动那些对这个问题一无所知的人们。至于达尔文的理论,我准备即使赴汤蹈火也要支持。

——英国博物学家赫胥黎

第二节　自由帝国主义

18世纪末,在工业革命的推动下,英国经济和社会发生了巨大变化,需要不断扩大帝国版图以满足工业发展对原料和市场的需求、进行资本输出及转移社会矛盾。当时英国很多经济学家和社会学家都大力推崇"自由帝国主义",其核心理念是:英国需要的不是殖民地,而是能够自由贸易的整个世界。这一理论被英国政治家进一步发展和应用,自由贸易与殖民占领一起成为了英帝国扩张和管理的基本原则。

一、"看不见的手"

1776年,亚当·斯密的《国富论》出版,在这本书中,他提出了一个理论:控制经济生活的是一只"看不见的手",即所谓的市场供求规律。在这只"看不见的手"的引导下,人们出于追求私利的竞争行为最终会促进社会利益,因而国家应当鼓励自由竞争。"自由竞争"的概念成为亚当·斯密经济学说的基础。

根据这个理论,亚当·斯密提出了一个影响深远的对外贸易战略,他认为当时英国的商业实力最强,无须惧怕任何国家和地区的竞争,以英国强大的海上霸权和经济实力,几乎能够完全控制全世界的贸易。商业垄断既阻碍生产发展,又没有增加商业利润,无论对英国还是对殖民地都是不利的,因此应该解除一切贸易限制,让经济在完全自由的环境中发展。亚当·斯密挥动着一只"看不见的手",为工业革命的推进缔造全新的经济秩序,为人类财富的增长提供源源不断的动力。基于其自由竞争理论形成的自由主义经济模式对英国的政策产生了深刻影响。

有一则故事足以证明亚当·斯密的社会地位之崇高。当时职务仅是海关官员的亚当·斯密应邀去一位公爵家做客,客厅里坐着时任首相皮特以及其他掌握英国经济命脉的商界巨贾和王公贵族。亚当·斯密一到,那些原本散坐四处、谈笑风生的绅士们纷纷起身向他致意,他不好意思地请大家坐下,首相皮特答复道:"博士,您不坐,我们是不会坐下的,哪里有学生不为老师让座的呢?"

19世纪中叶,英帝国"自由帝国主义"理论甚嚣尘上,在亚当·斯密理论影响下,越来越多的政治家和社会活动家觉得英国与殖民地的关系如同父母与子女的关系一样,为殖民地建立一个"好政府"被视作英国的责任与使命,为此英国不断对殖民地进行政治、经济、社会、文化和宗教等领域的干涉和改造。

历史之音

屠夫、酿酒商、面包师给我们提供食品,他不是出于仁慈,而是为了从我们这里得到回报。

——亚当·斯密《国富论》

每个人在经济生活中,通常并不会考虑他对社会利益起了多少促进作用,他盘算的是他自己的好处,但是在这种情况下,每个人追求个人利益的努力,会被一只"看不见的手"牵着,去实现一种他原本无意要实现的目的,最终会促进社会利益。

——亚当·斯密《国富论》

要把英国从这种危险中拯救出来……唯一的政策,似乎就是适度地、逐渐地放松那给英国以殖民地贸易独占权的法律,一直到很大自由为止。

——亚当·斯密《国富论》

斯密的理论是在(工业)资本主义发展以前发表的,它起了一个促进资本主义发展的作用,使英国成为第一个世界强国、世界霸权国家,也使全世界的资本主义得到发展。

——中国经济学家,《国富论》中文版译者杨敬年

可以自由出口或进口而不加限制,那么国家……所享受到的将是举世无双和简直难以想象的繁荣和幸福。

——英国古典经济学家大卫·李嘉图

二、"炮舰政策"

在"自由帝国主义"思潮的影响下,英国扩张的首要目标不再是领土,而是自由贸易。为此英国对外实行"炮舰政策",即以武力迫使全世界为英国的商品打开门户,强制推行自由贸易。最充分执行这一政策的是英国当时的外相亨利·帕麦斯顿(一译"巴麦尊"),19 世纪中叶英国对外政策的主导权几乎都在他手中。

炮舰政策的典型表现是中英鸦片战争。当时的中国是自给自足的农业国家,清政府为稳定国内外政局,闭关锁国不与外界往来,英国在正常的对华贸易中长期处于贸易逆差状态。为改变这一局面,英国开始向中国走私鸦片。1833 年后,东印度公司不再享有对中国的贸易独占权,英国商人更加热衷于参与鸦片贸易以获取暴利,鸦片输入失去控制,给中国带来了严重的经济和社会问题。1839 年,林则徐受道光皇帝之命前往广州,厉行禁烟,在虎门海滩当众销毁了大量英商鸦片,英国驻华商务总监督义律向巴麦尊报告了这一情况,巴麦尊看到了打开中国市场绝佳的机会。1840 年 4 月,英国议会下院以 271 票对 262 票的微弱优势通过了内阁向中国派遣军队的决定,鸦片战争的大幕徐徐拉开。无法与英国坚船利炮抗衡的中国最终被迫同意签订《南京条约》,开放 5 个通商口岸,中国紧闭的大门逐渐被打开,传统的社会结构开始瓦解。

英国在世界其他地区也实行炮舰政策,例如在黑船事件后趁机与日本签订商约,挤进日本市场。1863 年,英国又以使馆人员被杀为由派遣军舰攻击鹿儿岛,与日本西南强藩萨摩藩之间爆发冲突,史称"萨英战争"。尽管萨摩藩凭借着有利的天气、熟悉的地形等各种有利优势侥幸取胜,但萨摩藩的实际掌权人岛津久光却清醒地从胜利中看到他们与英国之间的巨大差距,于是他放下胜利者的架子,主动谋求与英国人的和解,开始与英国进行合作。

在西非,英国也用炮舰政策迫使土著就范,其中最典型的是阿散蒂战争。以阿拉克为中心的一块沿海地区因其出产黄金被称为"黄金海岸",19 世纪中叶这一地区已接受英国"保护",但内陆地区的土著国家阿散蒂常对沿海进行骚扰,英国先后九次发动对阿散蒂的战争,1873 年英国调集优势兵力攻入阿散蒂腹地,阿散蒂赔款 5 万盎司黄金并彻底放弃沿海主权,1902 年阿散蒂正式并入黄金海岸。

历史之音

巴麦尊说："将这个国家或那个国家当成英国的永恒的盟友或永久的敌人是一种狭隘的政策。我们没有永恒的盟友,我们没有永久的敌人,我们的利益是永恒的,我们的责任就是遵循这些利益。"

——转引自钱乘旦、许洁明《英国通史》

可以自由出口或进口而不加限制,那么国家……所享受到的将是举世无双和简直难以想象的繁荣和幸福。

——英国古典经济学家大卫·李嘉图

如果允许我用一句话来表达一位英国外交大臣应该遵守的原则,我将采纳坎宁的话:英国的利益应该成为每一个英国大臣制定政策的标准。

——1848 年 3 月 31 日,帕麦斯顿在议会的发言

三、"帝国情结"

19 世纪最后 30 年,帝国主义的概念深入人心,描绘大英帝国的图画无处不在,英国出现了大量帝国主义的狂热支持者。

在众多鼓吹帝国主义的人物之中,约瑟夫·张伯伦是一个突出代表。他早年是一个工业家,靠制造木质螺丝发家致富,同时,他关心时事,积极参与政治。37 岁的时候,他当选为伯明翰市市长,后来拒绝了内政部和财政部的职位,宁愿去殖民地做殖民大臣。这位平民政治家极具野心,也敢于创新与转变观念,他最主要的兴趣是建立"帝国联邦",把大英帝国中各个殖民地联结在一个联邦组织内,设置统一的法律、议会、贸易和对外政策,而英国作为联邦之首。白人殖民地中也有

很多大英帝国概念的狂热的支持者,他们甚至比英国人更爽快地接受了将女王生日这天作为年度"大英帝国日"的建议。加拿大、澳大利亚、新西兰以及南非将女王生日定为官方公共假日的时间都比英国本土早。

1897年举办的维多利亚女王登基60周年"钻石庆典"上,皇室成员和各殖民地统治者代表组成了一个长达10千米的游行队伍,这是一次场面空前宏大的"大英帝国庆典"。张伯伦乘此机会正式提出建立帝国议会的主张,然而多数殖民地统治者安于现状,他们委婉地表示目前的帝国关系还是令人满意的,"帝国联邦"的计划也就夭折了,毕竟各殖民地有自己独立的民族利益,他们早已离心离德。

"帝国联邦"计划夭折后,张伯伦并未气馁,又将注意力转向关税改革,他认为应该加强帝国内的经济联系,建立类似德国那样的关税同盟以保护帝国不受外来竞争的危害,但这一提议意味着英国必须放弃自19世纪40年代起就秉持的立国之本——自由贸易政策。此外,对外国进口商品征收关税也必将提高英国商品的生产成本,削弱其竞争能力。这一过于理想化的关税改革愿望伴随着张伯伦的去世也就暂告一段落。

历史之音

皮尔斯肥皂是在人类文明进步的同时能让地球的黑暗角落变亮的有效因素,它在所有文明国家中享有最高的荣誉——它是理想的肥皂。

——皮尔斯香皂1899年发布的具有帝国主义色彩的广告词

《大汽船》

啊,你们到哪里去,你们大汽船啊,

我们去替你带来面包和牛油,

带来牛肉、猪肉和羊肉,

还有鸡蛋、苹果和奶酪。

我们从墨尔本、魁北克、温哥华替你带来,

给我们写信吧,寄到哈巴特、香港和孟买。

那么,我能为你们做些什么,你们大汽船呀,

啊,我能做些什么使你们又舒适,又漂亮?

把你的大军舰派出去保护你广大的海洋,

不让别人拦阻我们替你带来食粮。

这是大英帝国强盛时,英国每一个小学生都得学的一首诗,题目叫《大汽船》。它向英国小学生灌输着帝国扩张的意识,它形象地道出了帝国带来的好处,亦体现了英国殖民主义者在拥有海上霸权时的那种傲慢与自信。

——整理自陈启能主编《大英帝国从殖民地撤退前后》

如果帝国主义联邦是一个梦想,那它就是一个伟大的梦想,激发着热爱祖国的每个人的爱国激情和政治抱负,无论它是否注定失败,或者无法完美实现,至少让我们……尽我们的全力来推动这个梦想。

——约瑟夫·张伯伦 1895 年演讲

想象一下,如果没有了大英帝国,伦敦会变得怎么样……没有了众多人民,没有了工作,没有了工业生活,陷入穷困和衰退。

——美国记者索尔兹伯里

第三节　帝国的扩张

约翰·罗斯金在就任牛津大学艺术教席教授的就职演说中说:"要么统治,要么死亡……这也是英格兰的命运,要么扩张,要么衰退,它必须在尽量短的时间内,在尽量远的地方,找到新的殖民地,培养最有精力和最有价值的人,占领它能够到达的每一寸未被占领的富饶土地。"英国人在近一个世纪的时间里开疆拓土,开拓了历史上前所未有的广阔疆域,凭借着强大的炮火构筑起庞大的殖民帝国,世界上似乎没有他们不能占领的地方,在维多利亚女王统治的最后几年,帝国的自大膨胀到了极点。

一、"七年战争"

温斯顿·丘吉尔认为真正的第一次世界大战发生在 1756—1763 年,这是欧洲当时的几大强国,英国、普鲁士同盟和法国、奥地利同盟两大交战集团在欧洲、北美洲、印度等广大地区进行的一场长达七年的争夺战,史称"七年战争"。七年战争及其战后签订的《巴黎和约》(1763 年)对后世影响巨大,甚至可以说是决定了后来 170 多年的世界格局,这恐怕也是当时的大国首脑们都未能预料到的。

英国是七年战争中的大赢家,战后英国获得海上霸权,并成为领导欧洲乃至世界事务的大国。但在战争初期,英国在各个战场频频失利,欧洲、美洲的战事不容乐观,这些挫折使得国内民情激愤。关键时刻威廉·皮特执掌政权,他的高瞻远瞩成功地拯救了英国。

威廉·皮特出身商人家庭,那句常常被引用来表明私有财产神圣不可侵犯理念的名言"风能进,雨能进,国王不能进"便出自他之口。皮特上台后对英国的战略以及作战方针作了调整:即刻重组军队,撤掉不称职的军官,以战功提拔新人;改进后勤供应,增加给养,振奋军队士气。他将作战重心放在美洲,相继攻克了法军要塞,从法国手中夺取了加拿大。他还将印度战场交由东印度公司自行作战,政府仅切断法国的军援和提供海军保护。1761 年本地治里被攻克,印度战争也以胜利告终。战争中,威廉·皮特充分展现了自己的军事指挥才能,温斯顿·丘吉尔评价他是"1689—1789 年这一百年内的英国伟人,以大英帝国主义为目标的第一位伟人"。

1763 年英、法等国签订《巴黎和约》,根据和约,法国失去了北美洲和印度。法国被逐出北美洲意味着格兰德河以北的美洲以后将发展成为英语世界的一部分,而法国被逐出印度则意味着英国人将在那儿取代莫卧儿人进行统治,将整个印度彻底变成英帝国的殖民地。英国用了短短数年便夺取了法兰西人花费百余年建立的殖民帝国,一个世界范围的新帝国已初具雏形。正如英国作家霍勒斯·沃波尔所言:"罗马征服世界用了三百年,我们征服世界只用了三次战役,而目前的世界比罗马时期扩大了一倍。"不列颠的时代将正式开启。

历史之音

七年战争是世界历史上的一个转折点,也是我国历史的转折点,到现时为止,欧洲国家的相对重要性已从它们在欧洲范围内的属地获得,但是,从战争结束起,英国较其周围国家重要还是不重要,已无关紧要。英国不再仅仅是一个欧洲强国,不再仅仅是德国、俄国或法国的对手了。

——英国史学家 J. R. 格林

英法七年战争对英国的地位有着巨大的影响。这是海战第一次对欧洲的外交格局产生了决定性作用。西班牙和法国再不能忽视英国的力量,如果对英宣战,它们就会失去重要的领地。

——英国威斯敏斯特大学教授理查德·哈丁

七年战争后英国夺取了大量殖民地,积累了资金,加速了工业革命的到来。

东印度公司成为孟加拉的真正主宰后,将其国库搜刮一空,后来又用不断更换纳瓦布的办法勒取新的"酬谢"和"奉献"。1757—1765 年仅洗劫国库一项就抢得 5260 万卢比。榨取田赋更是其主要的掠夺手段,同时东印度公司还诱使农民种植罂粟,由公司加工成鸦片后售往中国。1757—1815 年,东印度公司从印度(主要是孟加拉)共榨取财富约 10 亿英镑。

——整理自徐继素、陈君慧主编《世界通史》第 4 卷

二、 帝国基石

印度素有"英王王冠上一颗最明亮的宝石"之称，它依靠自身的面积、资源和人口优势成为英帝国各个殖民地中最为重要的一个。印度本土人口众多，总是出现与其他自治领和殖民地不一样的问题。1848 年达尔豪西勋爵出任印度总督，为改善印度社会中愚昧落后的状况，他进行了许多改革。他在印度推行西化政策，如设立学校并在校内大力传播基督教，兴修水利，修筑铁路，开办电报电讯等；同时他还试图革除印度社会中的许多陋习，如废除在学校、监狱、火车中的种姓隔离措施，反对妇女殉夫，允许寡妇再婚，禁止戮婴等。

然而达尔豪西的改革推进得太快，引起了负面舆论和偏见，新建的铁路和新办的电报被视为恶魔，许多新法律被视为意图破坏种姓制度以及印度人的宗教生活和家庭生活，一些在西方人看来是文明进步的措施被印度人看作是企图消灭他们文化的举动，引发了印度人前所未有的敌意和紧张情绪。

在这之后，英国所犯的一个愚蠢的错误点燃了兵变的导火索。1857 年印度土兵得到一批殖民当局发的新子弹，使用它时要用牙咬掉子弹一端的涂油包装纸，当时军中有传言说其包装上涂有的是牛油或猪油制成的润滑油。印度土兵认为这些子弹是对他们宗教信仰的蓄意侮辱，掀起了全民大起义。

起义之初，4 万多名英军分散在几千千米的战线上，力量处于弱势。英国人花了很长时间才重新聚集力量，一支被派往中国参加第二次鸦片战争的军队也临时奉命调转回印度支援，最终镇压了起义。在这次起义中印军开了杀害包括妇女和儿童在内的平民的先例，英军也以残忍的暴行予以报复，许多起义的骨干分子被塞进炮筒点上火药射出去击杀，在有些地区英军还在破城后进行屠杀，一时间印度陷入了地狱般的景象。

兵变给英国和印度间的关系留下了难以抚平的伤痕,英国政府通过"1858年法案"取消了东印度公司对印度的行政权力,使它退为一般的商业机构,而原公司在印度的领地也成为英王的直辖殖民地,由女王任命总督进行治理。同时,英当局还在内阁设立了印度事务大臣一职。驻印军队也进行了整编,军队中印度土兵的人数减少,大炮也完全保留在英国人手中。1876年,维多利亚女王正式加冕为印度女皇,并在次年举行了隆重的加冕礼,英国对印度的全面统治达到顶峰。

历史之音

当蒙神赐福、内部安宁恢复时,朕之热望即为鼓励印度的和平工业,促进公用事业和社会改善事业,施行为居住在此地域内的全体臣民谋福利的政事。他们的幸福即是朕的力量,他们的满足即是朕的安全,他们的感恩即是朕的最好酬报。愿全能的上帝赐给朕和在朕权力下的那些人以力量,来实现此等为朕人民谋幸福之愿望。

——1858 年英国维多利亚女王文告

约翰·坦尼尔《旧君主的新皇冠》(漫画,1876 年)

印度是一个巨大的非西方社会,不仅受到西方武器的进攻和打击,而且为西方武器所蹂躏和彻底地征服;它不仅为西方武器所征服,而且在那以后为西方行政官员所统治。……因而,印度与西方相处的经历比中国或土耳其与西方相处的经历更痛苦、更耻辱,比俄国或日本与西方相处的经历要痛苦、耻辱得多;然而,正因为这一原因,印度与西方的关系也密切得多。

——历史学家阿诺德·约瑟夫·汤因比

我还记得在那些日子里高唱要求复仇的民族歌曲。一位旁遮普青年,为了暗杀当时的副总督迈克尔·奥·德怀尔,等了 20 年之久。可是甘地要求我们作出的反应却是完全不同的。他认为要报杰利安瓦拉培惨案之仇,不能采取以命偿命的办法,只有结束帝国主义统治才是出路。

杰利安瓦拉培惨案是我国历史上一个转折点,它赋予我们民族斗争以新的广度和深度。原来这个运动在很大程度上局限于知识分子,这时迅猛地扩展到各个阶层并推向全国各地,犹豫彷徨的情绪一扫而光。

——甘地夫人口述、波奇帕达斯笔录《甘地夫人自述》

三、 宰割非洲

1870 年以后,西方列强掀起了新一轮在世界范围内争夺殖民地的高潮,其中非洲成为欧美列强争夺的焦点。在短短 20 年内,1 万多个非洲部落王国被改造成40 多个城邦,其中有 36 个由欧洲人直接管辖。到 1914 年,除了阿比西尼亚和利比里亚保持独立外,整个非洲大陆都被欧洲人以各种形式占领了,其中约三分之一属于英国。

在大英帝国大规模扩张的过程中,有一个人将金融与武力的结合发挥到了极致,这个人便是塞西尔·罗德斯。罗德斯 17 岁移民南非,他是一个商业天才,一个极富政治远见的人,同时也是一个好掠夺的殖民者。他创立了德比尔斯公司,

"钻石恒久远，一颗永流传"就是这家公司的著名广告语。然而成为南非钻石大王的罗德斯并不满足，他在非洲地图上用铅笔画了一条从开普敦到开罗的"线"，梦想把从南非开普敦到北非开罗的殖民地连成一片，建立起纵贯非洲大陆的大英殖民帝国，即实现"双开计划"，使英国统治整个非洲大陆。在罗德斯的愿景里，他更希望成为一个帝国的缔造者。

占领埃及翻开了大英帝国的历史新篇章，1869 年埃及政府因开凿苏伊士运河而债台高筑，英国政府乘人之危，联合伦敦银行家以低价收购了苏伊士运河公司将近 50% 的股票，进而控制住了埃及的经济命脉。接着英国凭借强大的军事实力占领埃及，完全控制苏伊士运河，英国派出的特派员成了埃及的"太上皇"。

英国在非洲南部的扩张奠定了其在非洲的战略优势，到 1898 年底南非只剩下布尔族人还在抵抗，他们是非洲唯一一支白人部落，但大英帝国不能容忍布尔族人的独立。

当时两个布尔共和国中的一个恰好发现了世界上规模最大金矿区的兰德金矿区，1990 年其产金量已经达到世界黄金供给量的 1/4，曾经贫瘠的地方突然成为了南非的经济中心，但布尔人并不愿与英国移民分享权力，两个民族间的矛盾越来越深，爆发了"英布战争"。

布尔人装备了当时最先进的武器：马克西姆重机枪、德国克虏伯公司生产的大炮以及大量毛瑟枪，能准确命中 2000 码开外的目标。同时，他们对当地的地形也比英国兵更熟悉。因此，英国花了 3 年时间，付出极大代价才征服布尔人。从表面看，英国打赢了这场战争，将其在非洲的领土扩张到前所未有的地步，基本实现双开计划，但事实上英帝国已经开始呈现出虚弱态势，帝国的扩张到此基本停止了，英布战争的结束标志着英国海外扩张时代的终结。

　历史之音

世界几乎已经被瓜分完毕，余下的部分正在被瓜分、征服和殖民化之中。可惜我们不能到达夜间在我们头顶上闪烁的星星那里！如果可能，我就要并吞那些星星；我经常想到这件事。我看到它们这样亮却又这样远，只觉得心中难受。

——塞西尔·罗德斯(1877 年)

为了使联合王国 4000 万居民避免内战,我们这些殖民主义政治家应当占领新的领土,来安置过剩的人口,为工厂和矿山出产的商品找到新的销售地区。我常常说,帝国就是吃饱肚子的问题。要是你不希望发生内战,你就应当成为帝国主义者。

——塞西尔·罗德斯(1895 年)

当罗德斯站在好望角半岛上时,他的影子落在赞比亚。

——马克·吐温

托马斯·纳斯特《英法争夺苏伊士运河》(漫画,1881 年)

爱德华·桑伯恩《巨人罗德斯》(漫画,1892 年)

　　成片的伤者不断滚落下来,山脚下的救护马车越来越多,山顶上也死伤无数、血肉横飞、尸横遍野,俨然一个血腥的屠宰场。

——丘吉尔作为随军记者对英布战争的描述

第四节　盛极而衰的帝国

不断扩张的殖民地在为英国的发展提供大量资源的同时,也逐渐成为帝国沉重的包袱。从 19 世纪末 20 世纪初开始,世界各地的民族解放运动逐渐高涨,就在英帝国看似如日中天的时候,太阳已经在缓缓落下。

一、 帝国残阳

英国首先面临来自自身的挑战,1878—1900 年间,英国相继发生了 4 次经济危机,严重影响了英国的生产与贸易活动。

农业方面,大量外国廉价农产品涌入英国,导致英国粮价大幅下跌,大批中小农场破产。1870 年后的 40 年间,英国粮食自给率从 79％降到 35％,罕见的旱灾和连年的牲畜瘟疫使得英国畜牧业发展处于停滞状态,大量肉类只能通过冷冻船从其他国家和地区运至英国。

工业方面,英国也卷入了第二次工业革命的浪潮,在电力、汽车和化学等新兴工业领域有所发展:1895 年制造出第一辆汽车,1900 年开始试制人造纤维。但与同时期的美国、德国经济的跳跃式发展相比,英国经济相对保守,传统工业依然占据主导地位。第一次工业革命给英国留下了过度沉重的历史包袱,资本家们宁可依靠庞大的殖民地市场推销传统工业品,把资金继续投放于传统工业,也不愿耗费巨资更新设备,尝试在新工业中获取高额利润。英国政府也认为民用工业落后一些不影响大局,只要守住英国的海上霸权即可,这种保守的政策取向,必然影响到工业结构的更新,英国在世界工业的垄断地位逐渐丧失。

对外贸易方面,1870 年以后,各主要资本主义国家相继放弃自由贸易政策,实行全面的关税保护政策。英国的农牧业、工业先后受到冲击,在高关税国家面前英国棉纺织品失去了竞争力,即使在亚洲市场也只能勉强保持原有的局面。虽然英国外贸收入在世界上虽然仍占首位,但受到的威胁与日俱增。

殖民地方面,多年来英国在世界各地大肆扩张,但在 19 世纪中期以后渐渐有心无力。德国在第二次工业革命中快速崛起,开始其海上扩张计划,同时日、意、美三国都逐步建立了装备着现代化战舰的舰队,英国昔日的海上霸主地位不复存在。1884 到 1885 年,德国在非洲向英国提出挑战,英国占领的西南非洲(纳米比亚)、坦噶尼喀(坦桑尼亚)、多哥和西非的喀麦隆成为德国的殖民地。1884 年,俄国在其控制的阿富汗边境地区修建了一个铁路网,这个铁路网在为俄军提供补给的同时使其得以在较近的距离里对印度发动进攻。此后,俄国人又修筑了西伯利亚大铁路,并强占了中国的旅顺、大连作为租借地,划长城以北的大量土地为俄国的势力范围。法国于 19 世纪 60 年代在印度支那(越南)建立据点,向中国南部和暹罗(泰国)扩张。19 世纪的最后 20 年里,法国在撒哈拉沙漠以南的非洲的扩张也变得愈加明显。法国以昔日非洲沿海的贸易殖民地为基地,建立了一个幅员辽阔的海外帝国。

 历史之音

外国调查家不再到英国来了……英国铁路方面没有什么新东西可学了。

——克拉潘《现代英国经济史》

英国是一个精疲力尽的巨人,他的耳朵已经聋了,他的双眼疲惫呆滞……他跟跟跄跄地走向目标,宽阔的肩膀上,负荷着巨大的亚特兰蒂斯岛,不堪重负他那过于沉重的命运。

——英国诗人马修·阿诺德

19 世纪最后 25 年里电力和电机产品在一些国家受到重视,但英国有运行良好的蒸汽机,因此英国人问:"煤价很低廉,它对于我的父辈一直很合用,现在我为什么要改弦更张呢?"

——克拉潘《现代英国经济史》

英国是一个向贵族看齐的社会,贵族更多的是与土地而不是工业联系在一起的,当时人们认为:一个百万富翁用他的一半资产购买一万英亩土地,即使只获得 1‰ 先令的收益也是值得的,因为他已经成了一个"绅士"。因此,工业家和商人在发财之后就会以贵族形象来重新塑造自己。企业家以工商业起家发财,却以被取代了的贵族文化的价值观为其归宿,这真是一种讽刺。

————齐世荣主编《15世纪以来世界九强的历史演变》

英国的窘境在于它是第一个工业国,又是最后一个实现全民教育的工业国。

————王斯德主编《世界通史·第2编·工业文明的兴盛》

二、 从帝国到联邦

1901年,维多利亚女王去世,享年82岁。女王的离世似乎也带走了英国的国运,一时之间危机从帝国各个角落冒出。

这一年"殖民地会议"改名为"帝国会议",表明自治领的个体地位得到英国认可;这一年澳大利亚建立联邦并获得自治领地位;此后新西兰、南非也紧随其后先后取得自治权。获得自治的殖民地的内部事务完全由自治政府处理,英国只保留外交、军事等少数权力。这在减少殖民地与母国之间的冲突的同时提升了殖民地人民的民族认同感,但是给帝国的统治带来了新的不稳定性。

一战中英国各自治领都派军队参加,为战争胜利作出了贡献,如加拿大派出的军队的人数约为65万,超过其总人口的8%,澳大利亚向欧洲派出了约35万人,连总人口只有100多万的新西兰也招募到了12.5万人。战争期间举行了两次帝国会议,成立了帝国战时内阁,由英国及每个自治领和印度派出的代表组成。这些代表平等地坐在谈判桌旁商讨政策,正如加拿大总理所言,这是历史上第一次帝国不受唐宁街支配。战后各自治领又都参加了巴黎和会并成为国际联盟的成员,逐渐成长为一个个生龙活虎的年轻国家,它们希望有完整的国际地位,不愿再依附于英国,英帝国内部的离心倾向越来越明显。

1926年的帝国会议上,自治领的地位被重新界定,会后还成立了一个委员会,该委员会由英国枢密大臣阿瑟·贝尔福领导并最终起草、通过了一份《贝尔福报告》。根据这份报告,英国与各自治领在内政和外交方面互不隶属、彼此平等,各地区对英王的共同效忠是唯一的"纽带"。报告还规定各自治领总督是英王的代表,他们在其自治领的地位与作用如同英王在英国一样,并且他们不接受英国政府的指令。1931 年,英国议会颁布《威斯敏斯特法案》,从法律上确立了英国和自治领之间完全平等的地位,英联邦正式形成。

历史之音

在营建殖民帝国方面,世界历史上很少有一个国家能像英国那样强悍、多能和执着。

——阎照祥《英国史》

我们不是不愿如我们的先辈们一样来维持帝国统治,这项任务在今天已经的确非常困难。

——英国枢密大臣阿瑟·贝尔福

1926 年 10 月 27 日,英帝国各自治领的代表举行会议,时任南非总理的赫佐格将军要求自治领在帝国联邦内享有与英国完全平等的主权地位,他还表示如不能实现这些目标,他回国后在"南非草原上放一把火",要求成立共和国实现"独立"。

——整理自王振华《英联邦兴衰》

尽管英联邦存在这样或那样的问题,但一位加纳的观察家说:"奇怪的是,(20世纪中后期以后)要求让英联邦继续存在的声音更强了,而不是更弱了,作为使第一世界和第三世界的许多国家,使非常好和非常糟的政府汇聚在一起的一种方式,它还是有建设性意义的。"

——高英彤《帝国夕阳:日渐衰微的不列颠》

三、世界大战

第一次世界大战后,大英帝国的领土又增加了 468 万平方千米,人口也新增了 1300 万。时任外交大臣阿瑟·鲍尔弗沾沾自喜地说:"世界地图的红色区域更多了。"但为了这前所未有的广袤疆域,英国付出了史无前例的战争成本。

仅英伦诸岛的死亡人数就达 75 万,即在 15—50 岁的成年男子中,每 16 个人中就有一个死亡。在第一次世界大战中,英国付出的成本比所有的参战国都要高,其战争开支总计近 100 亿英镑。而一战之后英国殖民地的治理成本还常常高于其带来的收入,1921 年,伊拉克的治理成本是 2300 万英镑,比整个英国的健康医疗总预算还高。参战的高昂成本导致英国国家债务增长到了原来的 10 倍,仅债务利息就占了 20 世纪 20 年代中期政府开支总额的近二分之一。

战争期间,英国工业也受到冲击,不断萎缩。1913—1918 年间,煤产量由 2.82 亿吨减少至 2.27 亿吨,造船量由 0.193 亿载重吨下降至 0.082 亿载重吨,棉纺织品出口量由 70 亿码下降为 38 亿码。尽管在战争期间英国征收了大量赋税,但到战争结束后还是负债累累,欠了美国 45 亿美元,其中大部分转借给了自己的盟友。而《凡尔赛条约》中规定德国需要承担的大量战争赔款,落实起来也是遥遥无期。

第二次世界大战对英国经济打击更大,英国几乎耗尽了可以动用的所有资产,还出售了 45 亿美元的海外资产。二战时期英国与美国结盟签订《租借法案》,美国人以赊卖的方式向同盟国军队提供武器,其中英国赊购的武器的价值约为 260 亿美元,占其战时武器总产量的十分之一左右,也是英国能从其自治领和殖民地借到的资金的一倍左右。有人说美英结盟对英国而言好似一个令人窒息的拥抱,战后英国仅欠美国一个国家的债款就达 210 亿美元,这个老牌资本主义国家多年积攒的雄厚家底到第二次世界大战结束的时候其实已经消耗殆尽,可以毫不夸张地说,英国几近破产。

历史之音

到 1850 年以后,人们发现要是从全局的角度来考虑的话,新增的殖民属地对帝国本身而言并没有多大价值;它们只是增加了帝国需要管理和保护的资源数量而已。因此到了 19 世纪下半叶,从事统计工作的人就指出了不列颠帝国的回报率或是利润率实际上非常之小。

——英国伦敦政治经济学院教授尼古拉斯·克拉夫茨

枪弹打在白人身上和打在黑人身上,效果是相同的。……经过 4 年追杀白人敌军之后,非洲人再也不把白人当作神看待了。

——西托莱《非洲民族主义》

一战后,巨额军费开支使英国放弃了金本位制,战后英国为恢复英镑的优势地位,恢复金本位制,但是结果却不尽如人意,其传统工业的处境更加艰难。

1924 年,巴西的英国煤比美国煤便宜 45 美分。可是仅隔一年之后,到 1925 年 6 月,美国煤的价格却比英国煤便宜 63 美分。

——整理自凯恩斯《丘吉尔先生政策的经济后果》

"帝国"是和永不可宽恕的政治罪名"帝国主义"联系在一起的,改用"联邦"一词在政治上可以稍微减少一些困难。

——英国法学家乌·詹宁斯

四、印度独立

印度被英国视为最重要的殖民地。1912 年为庆祝英王乔治五世的加冕,在印度举行了一次盛大的皇帝接见仪式,印度王公和权贵们众口一词地向英王乔治宣誓效忠。然而当一战结束后,成千上万名带着新思想和新观念的印度士兵返回家园,这个民族开始觉醒,人民的反英情绪逐渐高涨。

甘地无疑是印度反英运动中最杰出的人物,被印度民众尊称为"圣雄"。他指出英国之所以能通过少量人员成功统治3亿印度人,是因为印度各阶层的人以各种方式与英国合作,只要取消这种合作,英国的殖民统治必将崩溃。他把印度教"戒杀"的原则,同基督教"以善抑恶"主张及资产阶级人道主义思想结合起来,逐渐形成了非暴力不合作理论。甘地还号召人民联合抵制英货,劝诫人们用家纺布代替进口的机制织物。一张广泛流传的甘地照片中他本人就系了一条土布腰带,正在当众操作纺车。

甘地讲话朴素,富有感染力,吸引了大量印度民众,这次运动持续了很久,搞得英国焦头烂额。尤其是二战爆发之后,英国面对野心勃勃的德国和日本,急需来自印度的支持。在此局势下,首相丘吉尔作出承诺:"在战争结束的恰当时刻,还给印度自由。"得到保证后的印度全力以赴,在北非和东南亚战场上协助英国作战。

战争结束后,尽管英国极不情愿,但还是信守承诺,全印度进行了大选,印度的独立不可避免。但印度自身的民族和宗教问题也开始显现出来,印度教徒支持国民大会党,伊斯兰教徒则支持穆斯林联盟,双方矛盾十分尖锐。甘地对此也无可奈何,分治成为了唯一的出路。1947年巴基斯坦和印度先后独立并加入英联邦,成为与英国平起平坐的国家。"英王王冠上最明亮的宝石"——印度,终于摆脱了近200年的殖民统治,成为战后英帝国解体的第一声。印度和巴基斯坦的独立为其他的殖民地提供了榜样,英联邦逐渐成为英国与新独立国家的松散联合体。

历史之音

只要我们统治印度,我们就是世界上最强大的国家;可一旦丢掉了印度,我们的地位将一落千丈,只能降格为一个三流国家。

——曾任印度总督的英国人乔治·寇松

让我们来看看非暴力抵抗主义的力量所在。顾名思义,它的力量在于对真理坚韧不拔的追求。这种真理,用强有力的字眼来表达就是爱。爱的法则要求我们不要以怨报怨,以暴力对暴力,而要……以德报怨。

——甘地1919年演讲

甘地是全人类良知(良心)的代言者。

——马歇尔

我认为甘地的观点是我们这个时期所有政治家中最高明的。我们应该朝着他的精神方向努力——不是通过暴力达到我们的目的,而是不同你认为邪恶的势力结盟。

——爱因斯坦

非洲人之所以要控诉,不仅仅是因为他们贫穷而白人富有,更是因为白人制定的法律旨在维持此种情况……

——南非黑人领袖曼德拉1964年向法院陈词

五、 融入欧洲

二战后,从舒曼计划到欧洲煤钢共同体再到欧共体,西欧一体化成为主要潮流,但是欧洲最重要的国家之一——英国,却每每背朝欧洲袖手旁观,对西欧一体化持消极态度。为何英国对一体化不感兴趣呢?

这与英国在世界舞台中的自我定位有关,二战结束后,丘吉尔希望由英国来充当美国、英联邦和联合起来的欧洲这三者的纽带,以维护英国的传统利益,这样的外交政策被称为"三环外交"。这一政策的基石是英联邦和英国,故英国对英联邦投入了很大的注意力,但英国也意识到没有美国这个超级大国的支持该政策也将寸步难行,而三环之中最不被重视的就是联合起来的欧洲。同时,英国人一直认为英国不属于欧洲。

英国在战后对欧洲事态的漠视与英国的岛国心态有关,更是英国站在帝国立场上考虑问题的结果。英国认为帝国利益高于欧洲利益,因而在必须作出选择时错失了引导欧洲潮流的机会,以致后来其想加入欧共体时遭到了多次拒绝。

20 世纪 60 年代后英国逐渐转变策略,面朝欧洲,希望融入欧洲。首先是因为欧共体对内进行经济互动,对外实行统一关税,欧洲六国呈现出欣欣向荣的发展趋势,相比之下英国的经济境况十分糟糕,英国希望通过加入欧共体以扭转英国长期经济衰落的颓势。其次,二战后大英帝国迅速瓦解,英国原本想借帝国内部的经贸关系补偿它在其他地方受到的损失的做法无法实现,必须另找出路。第三,战后两极化的世界格局迫使英国更重视欧洲,更多参与欧洲事务,以便在夹缝中求得生存。第四,英美的特殊关系也要求英国重视欧洲,美国希望英国能够引导欧洲在抑制苏联这方面发挥重要作用,英国必须通过满足美国的愿望来维持英美的特殊关系。总之,随着时间的推移,英国对自身国际地位重新进行界定,一点点把脸转向欧洲,背对帝国。

历史之音

这个时候,丘吉尔为英国的国际存在进行定位,他说:当今世界存在三个环,第一个是英联邦和英帝国,第二个是英国、美国及英语世界其他国家,第三个是联合起来的欧洲。通观全球,只有英国在三个环上都占有位置,而且处在三个环的交叉之处,因此,英国仍将发挥举足轻重的国际作用,仍然是世界上的一个大国。

——钱乘旦、许洁明《英国通史》

爱德华·希思 1961 年 5 月在英国议会下院的一次演说中明确指出:"今天我们看到欧陆正在崛起一个蓬勃发展的国际组织,它的力量通过其规模显示出来:它有 1.7 亿以上的人口,相比之下,英国的人口只有 5000 万,整个'欧洲自由贸易联盟'的人口也不到 9000 万。他们的人力资源是非常巨大的……他们的工业生产增长率是很高的。"

——转引自赵怀普《英国与欧洲一体化》

英国是一匹"潜伏在欧洲的特洛伊木马,它始终向往辽阔海域,而不是欧洲大陆"。

——1967 年 5 月戴高乐在一场记者招待会上的发言

英国有朝一日将加入欧洲共同市场，但毫无疑问那时我将不在任了。

　　　　　——1967 年 12 月戴高乐在同共体部长理事会上的发言

英国首相撒切尔夫人曾在欧共体首脑会议上要求欧共体部分返还英国会费。我要拿回我的钱！

　　　　　——1979 年撒切尔夫人在欧共体首脑会议上的发言

史学动态

一、 英国早期殖民扩张的动力问题

姜守明在《从民族国家走向帝国之路》一书中指出,"民族精神是英国殖民扩张的主要动力"[①],英国的民族自立意识使其挣脱了外来的干预,同时也使其滋生出要与当时的欧洲海上强国西班牙平起平坐的愿望。于是英国人开始跨出国门,走向海洋,与其他民族争夺霸权,走上了海外扩张之路。同时,他也指出,"资本原始积累是资本主义的历史起点,它一开始就决定了资本主义社会的扩张性特征,同时也就决定了最早进入资本主义阶段的西方国家扩张性特点"[②]。

关于英国早期殖民扩张中的宗教因素,邵政达认为,"英格兰是一个宗教思想根深蒂固的民族,在其殖民扩张过程中,宗教因素是主要精神动力之一",这种宗教因素主要体现在两方面,"从主动方面来说,……英国人的宗教热情……,即把上帝的福音传播到基督的光辉没有普照的地区,这样一种伟大的使命感驱使他们走上了殖民扩张之路","从被动方面来说,在 16 世纪的宗教改革大潮中,英国整个民族的集体转向遭到了天主教强权的封锁和侵略,为了寻求民族发展的空间,海外殖民是英国不得不作出的战略抉择"[③]。

李季山则认为:"商人、政府和移民,即殖民扩张的'好处获得者',是英国早期殖民扩张的基本动力源。以商人为代表的商业资本主义、以政府为代表的国家、移民,这三个方面所提供的力量是英国早期殖民扩张的基本动力。它们之所以能结合在一起,是因为有一个共同的利益基础。就商业资本主义与国家之间的关系而言,它们之间存在着一种互惠互利的关系。一方面,商业资本主义需要政府保护和支持它在海外的贸易;另一方面,政府需要商业资本主义为财政依托。就移民与商业资本主义和国家的关系来说,由于移民就其整体而言是在英国社会没有

① 姜守明:《从民族国家走向帝国之路》,南京师范大学出版社 2000 年版,第 259 页。
② 姜守明:《从民族国家走向帝国之路》,南京师范大学出版社 2000 年版,第 5—6 页。
③ 邵政达:《近代早期英国殖民扩张的宗教动因研究(1485—1640)》,南京师范大学硕士学位论文,2011 年,第 1 页。

找到满意地位的人,他们渴望在新天地(海外殖民地)能找到自己更好的位置,因此,他们能够同商业资本主义和国家一道致力于殖民扩张。但这仅是移民与商业资本主义和国家之间关系的一个方面。另一方面,由于商业资本主义需要大量的移民去开发殖民地,国家更把海外殖民当作是缓解国内社会矛盾的'安全阀',因此,都乐于让移民徙居海外殖民地。正是在这种共同利益的基础上,三种基本力量结合在一起,对英国的殖民地政策和殖民地的发展产生了重要的影响。"[1]

二、 英帝国的基本特征和主要的殖民政策

从 16 世纪后半期英国的殖民扩张开始到 19 世纪末,英国创建了世界上最大的殖民帝国。国内学术界对英帝国的研究一般划分为两个阶段,即"以北美独立这一重大的历史事件为标志来区分英帝国历史的不同阶段,将 1783 年前的英帝国称为第一帝国,1783 年之后的帝国称为第二帝国或者'新帝国'"[2]。英帝国在这两个阶段有着不同的特征和不同的殖民政策。

关于英国第一帝国的特征及殖民政策问题,张亚东在《重商帝国:1689—1783 年的英帝国研究》一书中指出,"第一帝国的特点就是重商主义。第一帝国是以重商主义理论为指导思想的帝国,是一个商业帝国,它所关心的不是领土版图,而是开拓海外殖民地带来的商业利润和财富"。在重商主义的指导下,帝国在殖民地采取较宽松的管理政策,"没有专门的机构来管理殖民地事务,总督权力相对较小,但帝国在经济上严格管理殖民地的对外贸易,控制殖民地工业的发展,将殖民地变为英国商品和资本的输出场所及英国工业的原料基地,从而最大限度地获取商业利益"[3]。

美国独立标志着英国第一帝国的崩溃。美国独立的冲击及英国工业革命的迅猛发展,对第二帝国的形成和发展产生了重大的影响。第二帝国时,自由贸易逐渐代替商业调控,殖民政策也发生了很大的转变。郭家宏在《从旧帝国到新帝

---

① 李季山:《英国早期殖民扩张的动力》,《湘潭师范学院学报》1998 年第 1 期,第 78—79 页。
② 徐娜:《在自由与帝国之间——英帝国的初创》,苏州大学硕士学位论文,2013 年,第 2 页。
③ 张亚东:《重商帝国:1689—1783 年的英帝国研究》,中国社会科学出版社 2004 年版,第 7—8 页。

国：1783—1815年英帝国史纲要》一书中指出："在政治方面,英国加强了对殖民地的控制,将殖民地事务置于英国议会和英国政府的控制之下,将殖民地行为由公司行为转为政府行为。经济方面,英国抛弃了旧的重商主义殖民政策,开始向自由贸易的方向迈进。英国对殖民地经济方面的控制逐渐放松,直至放弃对殖民地的贸易垄断。英国开始'关注'土著人地区殖民地人民的利益,并标榜要为殖民地建立一个'好政府'。"①同时,在第二帝国时期,英国针对不同类型的殖民地,采取了不同形式的统治政策。对于加拿大,英国采取分而治之的政策,"将英裔居民与法裔居民分而治之,充分尊重法裔居民原有的法律、宗教、文化、语言"②。而对于"以印度为代表的土著人殖民地,英国建立了更为专制的政府,由伦敦直接控制,实行的是直接统治的方法"③。

三、 对英国殖民主义的历史评价

国内学术界关于英国殖民主义的历史评价这一问题存在着不同观点。有部分学者认为英国的对外殖民扩张破坏了殖民地国家原有的历史进程。英国殖民者对于殖民地政治和经济上的剥削,延缓了殖民地的发展,在他们看来,殖民主义是当今不少发展中国家持续贫困落后的重要原因。另外的一些学者则更为强调,随着殖民主义的扩张,西方资本主义的生产方式进入殖民地国家,客观上加速了这些国家的现代化进程。

除了上面两种观点,现在国内较多的学者在英国殖民主义的历史评价这一问题上强调要辩证地进行分析,注意殖民主义的二重性问题(即马克思所提出的殖民主义双重使命学说④),既要关注到英国的殖民掠夺给殖民地人民带来的深重灾难,也要注意到英国在殖民地兴办教育、铺设铁路等建设性活动。关于殖民主义双重使命学说,高昊强调,"要对殖民主义在不同时期、不同地区的作用进行具体

---

① 郭家宏:《从旧帝国到新帝国:1783—1815年英帝国史纲要》,商务印书馆2007年版,第292页。
② 郭家宏:《从旧帝国到新帝国:1783—1815年英帝国史纲要》,商务印书馆2007年版,第158页。
③ 郭家宏:《从旧帝国到新帝国:1783—1815年英帝国史纲要》,商务印书馆2007年版,第158页。
④ "殖民主义双重使命学说"是马克思在《不列颠在印度的统治》和《不列颠在印度统治的未来结果》这两篇文章中提出的。此学说认为:英国在印度建立的殖民统治将体现出双重使命。一种是破坏性使命,即消灭旧的亚洲式的社会;另一种是建设性使命,即在亚洲为西方式的社会奠定物质基础。

的分析,要把双重使命的体现和殖民地自身社会经济发展水平联系起来考察,因为只有这样才能从一定程度上反映出'破坏性使命'和'建设性使命'之间的关系。准确地理解殖民主义的双重使命,有助于我们以更加开阔的视野看待第三世界国家的现代化,并辩证地分析殖民主义对近代亚非拉国家的影响"①。

四、 英帝国衰落问题的辨析

刘成、刘金源、吴庆宏著的《英国:从称霸世界到回归欧洲》一书在回顾英国从一个民族国家崛起为资本主义头号强国这段历史时,认为它在蒸蒸日上的盛世阶段就已投下衰落的阴影。政治制度及经济体系中的诸多缺陷,社会不同利益集团之间日益加剧的矛盾冲突,以及自然环境污染等多方面因素都成为日后英国发展道路中的隐患。②

高英彤在《帝国夕阳:日渐衰微的不列颠》中指出,英国的衰落"冰冻三尺非一日之寒",从 19 世纪后半期就已经出现征兆,加之两次世界大战的冲击、庞大殖民地的负累以及久治不愈的"英国病"等因素的综合作用,英帝国在经济、政治、军事等各个领域由繁荣昌盛不可避免地滑向低谷。③

陈晓律在《现代英国衰落的历史启示》一文中指出,尽管经济因素、社会结构因素、文化与生活的因素、政府的因素以及既得利益集团的因素等都在英国衰落过程中不同程度地起作用,但任何一种因素都不能完全起决定性的作用","英国的衰落和它过去的辉煌一样,都是历史的必然;在某种意义上,它兴起的原因也正是它日后衰落的原因。④

在 2010 年"中国世界近代史学会暨英国史国际研讨会"上,陈晓律从耶鲁大学蔡美儿教授的《帝国时光》一书中对于大国兴衰的探讨出发,对英国衰落的原因进行重新解读,他提出,"超极大国应该具有宽容精神,英国的衰败是源于其在本土外的非容忍度,把殖民地与母国的'待遇'分隔开,并任由这个共同体内逐渐产

---

① 高昊:《第一届中英英国史学术交流研讨会侧记》,《世界历史》2010 年第 1 期,第 149 页。

② 刘成、刘金源、吴庆宏:《英国:从称霸世界到回归欧洲》,三秦出版社 2005 年版。

③ 高英彤:《帝国夕阳:日渐衰微的不列颠》,吉林人民出版社 1998 年版。

④ 陈晓律:《现代英国衰落的历史启示》,《战略与管理》1997 年第 2 期,第 37—44 页。

生出越来越多的不宽容气氛,结果使英帝国从世界霸权国沦落为二等国家"。他指出要在全球范围内脱颖而出,一个社会就必须使其自身能够调动起世界最优秀人才的积极性,而无论其种族、宗教和其他的背景如何。[①]

[①] 于文杰、黄海斌、任有权:《中国世界近代史学会暨英国史国际研讨会综述》,《世界历史》2011 年第 2 期,第 148 页。

教学撷英

一、不结盟运动的发起者为什么提出不与大国结盟?

师:1955 年万隆会议召开,当时主要的发起人有哪些?

生:南斯拉夫的铁托、印度的尼赫鲁、印度尼西亚的苏加诺、埃及的纳赛尔、加纳的恩克鲁玛等人。

师:他们当时提出了怎样的处理国际关系的原则?

生:不与大国结盟,反对任何形式的殖民主义和霸权主义。

师:他们为什么会在这个时候提出不结盟的想法和主张?这就需要我们从这些国家外部的国际环境和其自身内部的成长历程中来寻找答案。首先从国际环境来看,1955 年正处于什么样的国际背景下?

生：美苏冷战。

师：美苏冷战下，世界大部分国家和地区不是加入以美国为首的资本主义阵营，就是投向以苏联为首的社会主义阵营，陷入非此即彼的怪圈，制约了自身的发展。一些新兴的第三世界国家，迫切希望打破这一局面，走出自己的道路。从这些国家的成长历程来看，这些国家领导人为什么对大国如此抗拒？

生：这些国家本身就曾经深受大国殖民、大国霸权之苦。

师：我们看，这些国家独立的历史，可以说就是一部不断与大国进行尖锐斗争的辛酸史。印度曾是"英王王冠上最明亮的宝石"，印度尼西亚先后经受荷兰、日本的殖民统治，埃及是英国的殖民地，加纳先被葡萄牙统治，后又被英国完全占领，他们都对西方国家恨之入骨，自然不想再让大国插手自己的事务。但南斯拉夫并不是一个殖民地国家，为什么也加入了不结盟的行列？

生：南斯拉夫曾与苏联发生尖锐的对立。

师：南斯拉夫的铁托因为奉行独立自主的政策，被斯大林指斥为异端。在社会主义阵营中受到排挤的事实使铁托认为无论是美国还是苏联，都是靠不住的，南斯拉夫必须走一条不结盟的路。综合来看，这些国家萌生的不结盟的想法，归根到底来源于什么？

生：对殖民主义和霸权主义的抵触和恐惧。

二、 为什么在殖民体系瓦解的同时，又产生了大量的不稳定因素？

师：前面提到，殖民体系的瓦解突出表现在哪几个地区？

生：非洲、中东和南亚。

师：非洲的饥饿、贫困和混乱人尽皆知，这是因为在殖民体系下非洲受到了西方殖民者的残酷掠夺。但在中东和南亚，殖民地受到的冲击并不如非洲那么大，这些地区不稳定的原因又是什么呢？

生：有可能涉及民族和宗教的冲突。

师：我们举个实例，1947 年 6 月英政府向印度移交政权的《蒙巴顿方案》，宣布按照宗教信仰将英属印度分为以印度教徒为主的印度和以穆斯林为主的巴基斯坦。大家想想，这样的安排会产生怎样的问题？

生：大多数土邦的宗教成分都是复杂的，不少土邦都是穆斯林和印度教徒杂居，不同信仰的人群，有着不同文化和价值观，容易发生冲突。

师：这其中最典型的就是克什米尔问题。围绕克什米尔邦的归属问题，印巴之间爆发了激烈的冲突。显然，这是殖民体系在一夜之间瓦解、缺乏过渡的余毒，也是民族主义与宗教观念相交融的产物，各种因素交织在一起，使这一问题更加复杂。在中东地区，冲突的是哪两方？

生：巴勒斯坦和以色列。

师：这依然是源于怎样的冲突？

生：还是民族和宗教信仰方面的冲突。

师：围绕以色列建国和犹太复国运动，阿以双方爆发了大规模武装冲突，主要有四次中东战争，然而打打谈谈之下，和平进程依然是任重而道远。中东的情况要比南亚的情况更加复杂。英帝国结束对中东统治后，以色列和巴勒斯坦的划分并不是由英国提出方案后按照方案实施的，而是由联合国主张的，受到美苏两国的影响。这就使得这一方案不仅是对巴勒斯坦地区领土进行重新规划的方案，更是渗透了美苏两大国在中东地区利益均等的强国意志的方案。因此，中东问题虽源于民族宗教问题，却又蒙上了一层强国博弈的色彩。从南亚和中东的个案可以看出，殖民体系瓦解后出现的地区不稳定因素，一方面是殖民体系迅速瓦解、殖民地原有政治秩序瞬间崩溃导致缺乏过渡机制所引发的混乱，另一方面也是美苏在全球范围争霸的影响。

三、 当国家利益遭遇不结盟的理想，将会产生怎样的变化？

师：请大家思考，就埃及和印度的个案来看，它们似乎只是口头上宣传不结盟而实际上追逐一己私利，难道它们的不结盟仅仅只是停留在宣传意义上吗？不结盟的口号与它们的国家利益有怎样的内在关联？

国家利益又是怎样将它们由不结盟的中立位置最终推向了大国的怀抱?

生甲：不结盟未必不是埃及和印度在独立之初发自内心的声音。它们刚刚深受大国宰割之苦,的确想通过不结盟走出一条自己的道路,但是后来国际形势的风云变幻,它们不得不为自己的利益着想。以自己的国家利益为出发点,这自然会背离不结盟的初衷,这么来看,实属迫不得已之举。

生乙：不能这么看问题。这些国家刚刚独立之时,它们都是在大国羽翼之下成长起来的,它们的独立必然使其与大国的关系很紧张。它们若想在美苏争霸的环境下生存下来,必然要打出一个吸引中小国家的招牌形成号召力而在夹缝中生存。因此,所谓的"不结盟"只是不与大国结盟,那些小国结成的对抗大国的"盟"难道就不是"盟"吗? 说白了,"不结盟"从一开始就是喊出的一种口号和政治策略,不具有什么实际意义,而且也不可能实现。试想,在全球化的时代,有哪个国家能真正做到完全"不结盟"呢?

生丙：这些国家独立之初怀有强烈的民族振兴愿望,渴望国家富强,而美苏又设置种种关卡,意图拉拢。在这一时期对殖民仍相当敏感的国家领袖会毫不犹豫地拒绝并怀疑美苏想做第二个英法。在这种情况下他们提出了不结盟的政策,这是因为他们考虑后认为不结盟对于国家的发展更为有利。因此,提出不结盟,也是从各自的国家利益出发的。

师：我们需要认识到,这些国家领袖倒向两大阵营之一,出发点仍旧是维护自己国家的利益和民族情感。从这个意义上说,它们并非完全唯大国是从,仍有自己的想法,希望走自己的路。它们始终是两大阵营中离心离德的不稳定因素。一旦国际环境发生变化,这些国家又会选择自己的道路。

第四章

"从摇篮到坟墓"

英国是世界上最早以立法形式建立社会保障制度的国家,也是典型的高福利国家之一,其社会保障制度经过300多年漫长的发展历程,由最初教会组织的分散的、小规模的救济贫民活动,到二战以后逐步发展成为"从摇篮到坟墓"的全方位社会保障体系。

福利国家的建立给英国带来了诸多积极影响。作为二战后资本主义国家发展的"缓冲器",福利制度一定程度上保障了弱势群体的生存权利,对缩小贫富差距,缓和社会矛盾有着积极意义。此外,社会保障制度的实施,确保了劳动力供应的数量和质量,促进了二战以后英国经济的发展。

当然,由政府主导的福利国家模式也有着潜在的隐患:如经济增长速度跟不上福利发展的速度,引发政府财政危机;人口老龄化、高失业率等造成社会救济费用不断增长,使得政府支出居高不下;政府提高税收保证福利支出又导致了资本和人才的外流等。完善的福利制度也给英国带来了沉重的包袱。

第一节　追根溯源

在现代化进程中,任何一个国家都无法回避社会福利问题,这是影响公民福祉和社会和谐的重要因素。英国的社会福利政策历经了从施舍到权利、从个人责任到政府责任、从社会保险向国家福利的变化,英国关于社会福利政策的探索和建设在世界范围内具有首创和示范的意义。

一、贫民救济

英国的社会福利政策最初是以贫民救济法的形式出现的。《伊丽莎白济贫法》《斯宾汉姆兰法》《济贫法(修正案)》是其早期发展历程中的重要文件。

1601年,英国女王伊丽莎白一世授意颁布了《伊丽莎白济贫法》,即旧《济贫法》。该法规定以教区为济贫的基本单位来管理济贫事宜,并由政府划定一定标准的贫困救济线,在救济线下的贫民可接受教区救济。政府还授权各教区征收济贫税、根据贫民不同情况确定救济办法等。旧《济贫法》首次以法律形式规范了国家在救灾济贫方面的职责。此法在英国实行了近240年,尤其是在灾荒严重、经济萧条的年代,这些措施对缓解社会矛盾、减轻社会动荡有一定的作用。

工业革命后,大批城市工人出现,他们一旦失业或发生伤残、疾病、年老等无法工作的情况,就会失去唯一的生活来源,陷入赤贫。贫困使得很多地区的工人对社会现实极为不满,犯罪活动和集体反抗行动越发频繁,这迫使政府不得不正视问题并采取措施加以控制,其中以1795年颁布的《斯宾汉姆兰法》最为著名。《斯宾汉姆兰法》提高济贫税,扩大济贫范围,它采取居家原则救济贫民,家庭成员中有人就业的贫穷家庭也属于救济范围。救济金的发放标准按照面包价格和低收入家庭人口来确定。

《斯宾汉姆兰法》建立了一种较为广泛的救济制度,但因为其济贫政策的出发点是"以穷人养活穷人",即规定不需要接受救济的人必须向教区缴纳一定数额的济贫税,它也受到了当时英国社会各个阶层的严厉批判。不少著名学者留下评论。边沁认为这种制度造成了被救济者的道德堕落;马尔萨斯认为这样的救济会导致人口数量的激增；李嘉图认为它会降低工人的工资收入，从而使贫困问题进一步恶化。19世纪初，英国征收的济贫税总额已经增加到800万英镑，是17世纪末的10倍。与此同时，工业革命所造成的诸多社会问题也亟待解决。

1834年，英国议会通过了《济贫法（修正案）》，即新《济贫法》。新《济贫法》设置了济贫院，所有需要救济的人必须生活在济贫院里才能得到救济。随着时间的推移，失业等社会问题日益严重，新《济贫法》已不再适应英国的社会发展。20世纪上半叶，济贫院制度被更为进步的社会福利和社会保障制度取代。

历史之音

查尔斯顿街区传教士认为在他的地域内现有三分之一的人失业……

萨福德市靠近伯里街的区域据称有一半人抱怨工作不正常，一大批人已完全失业了。

萨福德另一传教士说："我的地域内有许多人家无米下锅，这是失业造成的……"

圣玛丽街区传教士称："在我的区域内的一半人因没有工作而处境凄苦……"

——曼彻斯特布道团对工人生活状况的调查报告（1841年）

济贫常常带有惩贫的性质，很难与福利一词联系起来，但它却是调控手段的重要起源。

——姜南《英国福利制度的演变及其调控作用》

二、社会保险

工业革命使英国成为头号经济强国和日不落帝国的同时，也带来了一个极具讽刺意味的结果，英国贫民的数量极其惊人。在首都伦敦，有30%的居民常年贫困,食不果腹、衣衫褴褛是其中相当一部分人的日常状态。庞大的贫困人口不仅容易引起社会动荡,还严重影响了英国的军事和经济的发展。比如在布尔战争的征兵中,人们发现,一半以上的工人及其子女的身体素质不符合参军要求,不能适应殖民国家扩张的需要。而工人群体不仅是国家军队的重要来源,更是工厂企业的劳动大军。19 世纪末,工会领导下的工人运动蓬勃发展,多次罢工取得胜利。英国工人争取到了 8 小时工作制,每小时工资标准也有所提升。

20 世纪初,英国自由党政府开始着手加强社会立法。1908 年,《养老金法》获得通过,政府对年收入低于一定标准的 70 岁以上的老人,每周提供 1 先令到 5 先令的补助。英国国家养老金制度由此逐步确立。当然,为了尽可能节约财政支出,英国政府把养老金津贴长期保持在较低的水平。1911 年,英国参考德国的经验制定的《国民保险法》通过,这是一项以保障健康为目的,为失业或意外事故提供保险的法令。保险资金由雇主、雇员和财政部三方负担,强制缴纳。尽管最初的保险制度并不成熟,种类不全、覆盖面也有限,但它是英国福利制度确立的标志。

 历史之音

从城市贫民窟那些发育不全、贫血和道德败坏的居民中怎么能产生一支有战斗力的军队呢?

——英国社会活动家西德尼·韦伯

最不能容忍的事情是允许那些能胜任劳动的人情况恶化⋯⋯

——英国前首相巴尔福

英国最大的危险在于贫富之间巨大的鸿沟。

——英国前首相丘吉尔

三、 国家干预

福利国家的本质是国家对社会问题进行干预,用国家力量来调节财富分配。这其实是对自由资本主义的一种调整。

一战期间,英国政府为赢得战争,对经济活动进行了一定程度的干预,如下达生产指标、分发原料、调拨劳力、控制物价等。虽然一战结束后,这些战时政策被取消了,但这也证明了政府能在国家经济生活中发挥不小的作用。

20 世纪 20 年代,资本主义社会在经历了短暂的经济繁荣后很快陷入了经济大萧条。英国的经济受到了严重的影响,工业生产总量下降了 16%,贸易总额下降了 40%。同时,失业问题成为笼罩在英国政治生活和社会生活上空的最大阴影,个别地区的失业人数比例甚至高达 60%。因为失业人数太多,政府的失业基金不足,导致失业的民众和大部分儿童营养不足,游行和罢工经常发生,社会矛盾空前激化。事实证明,经济自由主义思想和旧的社会保险体系已经无法应对新的考验了。

1936 年,经济学家凯恩斯的经济学著作《就业、利息和货币通论》发表。凯恩斯否定了传统的经济自由主义政策,提出国家干预的理论,他希望通过刺激消费来促进生产,解决就业问题。凯恩斯的理论是经济危机的产物,但也是革命性的。虽然凯恩斯并不关注社会福利本身,但是他从挽救资本主义制度的角度出发,论证了政府大规模干预社会福利领域的必要性以及具体的政策设计,这为英国福利国家的建设提供了理论支持。

第二次世界大战期间,国家干预的理论在英国得到了更广泛的认可和实践。相对于第一次世界大战,第二次世界大战中国家和政府发挥的作用更加重要。由于国家干预,战时不仅物价稳定,工人工资还不断上升,并且在物资匮乏的情况下也没出现饥饿现象。这启示了人们,政府在战时可以做的事情,战后也可以继续做下去。

历史之音

凯恩斯在致命危机威胁资本主义世界时挽救和巩固了这个社会。

凯恩斯的理论像"哥白尼在天文学上、达尔文在生物学上、爱因斯坦在物理学上一样的革命"。

——西方学者对凯恩斯及其理论的评价

想法改变历史。

——凯恩斯

1942年6月,盖洛普民意调查提问:"你认为在现在的英国,哪个国家更得人心,是俄国还是美国?"调查结果是62%的人认为是俄国,只有24%的人回答是美国。人们开始认为管理英国的工业,乃至解决国家生活中的重大问题,最好的办法是实行国家干预。

——刘成、刘金源、吴庆宏《英国:从称霸世界到回归欧洲》

第二节　战后"新英国"

第二次世界大战接近尾声,胜利的曙光就在眼前,"人民的战争"应该为人民创造出美好的前景,这是当时英国人的共同愿望,他们把注意力转向未来,憧憬着战后出现"新英国"。

一、　福利国家蓝图

1941年6月,英国政府组织了一个委员会对英国当时的社会保险制度进行调查及改革,曾担任过劳工交易所主席的威廉·贝弗里奇爵士——一位严肃的学者型经济学家主持了这项工作。

1942年12月,著名的《贝弗里奇报告》发表。贝弗里奇认为,战后重建英国社会的重点是战胜贫穷、疾病、无知、肮脏和懒惰,要以一种革命性的态度去对现有的社会保障制度进行改革。以往英国的社会保障制度存在涉及面小、保障内容单一、保障期短、标准不一、管理混乱等问题。《贝弗里奇报告》中提出,社会保障由社会保险、国民救助和自愿保险构成,应以社会保险为主体部分,而国民救助和自愿保险作补充,建立起一个新型的社会保障体系。同时,报告中还提出了一些主要的配套政策:一是保障充分就业,二是提供全面的健康服务,三是提供家庭津贴,又称"儿童津贴",缓解多子女家庭的贫困。

《贝弗里奇报告》首次将普遍性原则和类别性原则赋予社会保障,提出建立一个全方位的社会保障计划,为战后"新英国"勾画了蓝图,成为建立全面、系统新型社会的指路标。根据报告,英国要构建"从摇篮到坟墓"的保障体系,所有英国人都有免于贫穷疾病之苦、享受社会福利制度保护的权利。

《贝弗里奇报告》一经发表便引起了社会的广泛关注,不到一个月就销售了万册以上,一年的销量达到几十万份,成为了畅销出版物。人们亲切地称贝弗里奇为"人民的威廉"。在该报告的指导下,英国实现了从社会保险型国家到全民福利型国家的历史性跨越。

当然,《贝弗里奇报告》自身也存在着一定的缺陷,如报告是在原有制度的基础上进行改革的,体现了各阶级和利益群体之间的妥协,不可能完全彻底。这些问题也出现在英国之后的实践当中,并被逐渐修正。

历史之音

真理的小小钻石是多么罕见难得,但一经开采琢磨,便能经久、坚硬而晶亮。

——贝弗里奇《科学研究的艺术》

一个训练有素的思想家的主要特点在于,他不在佐证不足的情况下轻易作出结论。

——贝弗里奇《科学研究的艺术》

他(贝弗里奇)也不过是时代的产物,是一面镜子,而不是预言家。

——霍华德·格伦内斯特《英国社会政策论文集》

《贝弗里奇报告》发表时,英国政府已经向政坛未来的发展抛出了赌注,其砝码已经与实行一项重大的社会保障计划紧紧地连在了一起。

——《曼彻斯特卫报》(1943年)

二、 福利国家形成

工党对《贝弗里奇报告》作出了较为积极的反应。在1945年的竞选宣言中,工党提出将在英国建立一个"社会主义的大不列颠共同体"。最终,工党在大选中得到了下院62％的席位,第一次以绝对多数获得执政权。

1945年,首相艾德礼颁布了《家庭补贴法》,以非缴费、普享的形式补贴因战争造成的贫困家庭。1946年,政府又颁布了《国民工业伤害保险法》,建立起新的工伤保险制度,由雇主、雇工与国家三方共同缴纳工伤保险费用,这标志着英国社会保障类型进一步多样化。1946 年,新的《国民保险法》颁布,该法规定 16 周岁以上、养老金领取年龄以下的所有公民必须参加国民保险,以便在失业、退休、怀孕、工伤、疾病等情况下享受津贴与补助,这项立法得到公众普遍支持。此后,新的《国民保健法》和《国民救助法》也相继生效。至此,英国"从摇篮到坟墓"全方位的国家福利制度建立起来了。一个英国公民,在未成年时期可以享受母婴补贴、家庭补贴及免费的学校餐福利;成年时期能够享受健康保险、失业保险、工伤保险等;到老年时期还可以获得养老金,特殊情况下还可享受国民救助。这一系列措施使全体英国人被置于一张巨大的社会安全网之中。首相艾德礼曾自豪地说:"在我的任期内,福利国家基础已经奠定。"

历史之音

工党领袖的天才是把握住了国民的情绪,同时引导了国民的情绪。

——托尼·布莱尔《新英国:我对一个年轻国家的展望》

根据 1980 年英国官方公布的材料,现代英国福利制度包括以下一些内容:

(1) 国民医疗保健服务(简称 NHS)

……

英国医疗保健系统包括 2625 家医院,474000 个床位,40000 名医生,440000 名护士和助产士。此外,尚有 27000 名自由开业的医生与卫生部订有合同,协助照看病人。约有 4/5 的医疗人员组成医疗队,进行巡回医疗保健服务,并对危重病人进行抢救。

除外国来访者外,英国公民一律享受免费医疗服务。医疗基金 87% 来自普通税,其余部分来自医疗保险捐和一些特别的捐助。

16 岁以下,孕妇与产妇,60 岁以上的妇女和 65 岁以上的男人,低收入家庭的成员不付处方费。按此规定,2/3 以上的公民可以不付处方费。

(2) 个别社会服务

……

这项社会服务的主要服务对象为：丧失生活能力者。

该部为他们提供如下服务：修理、清扫房屋，发放生活用品，安装电话、电视，组织俱乐部，举办居民之家以及外出度假等活动。

老人。该部应使老人住在自己的家中得到应有的照顾。除设立老年俱乐部外，该部还组织"好邻居"等自愿友好访问活动，替他们解决日常生活的困难。

儿童。该部为所有5岁以下的儿童提供必要的服务。对失去双亲和被遗弃的孩子，该部负责他17岁以前的一切生活费用，直至其18岁能自立时为止。该部有权替在家庭受到虐待的孩子向地方法院起诉。

精神失常者。精神病患者的医疗由医院负责，该部负责由此产生的家庭与社会问题，保证患者的家庭能过上一种正常的生活。

（3）社会保障

......

社会保障占政府所有公共开支的1/4，1970年为7000百万镑，20世纪80年代已增至每年8000百万镑。

......

保险补助金按以下几种类别进行发放：

养老金。年满60岁的女性公民和年满65岁的男性公民可每周领取27.15镑的老年补助金。享受养老金者必须连续缴纳20年的保险捐。

产妇补助。凡产妇均可得一笔25镑的补助金，生产前的11周和产后的6周内每周尚可领取20.65镑的产妇补助金。

儿童补助。每个孩子于16岁前每周可领取4.25镑的儿童补助，独生子女与第一个孩子，每周另增加3镑。

疾病补助。患病公民可以在28周内每周领取20.65镑的疾病补助金，由其供养的成年家庭成员每周可得12.75镑，每个小孩可得1.25镑。

工业伤残补助。因工业事故致伤致残者，每周可领取23.04镑，其余规定与疾病补助相同，该项补助停发后，伤残人员可继续申请丧失工作能力补助金。

失业补助。失业补助领取的金额与疾病补助相同，如失业补助与其他补助相同，则统一计算，不重复支付。

附加补助。此项补助来源于1948年的国民补助法，其目的是为社会最贫困的人提供一张"安全网"。按规定，一个人无论从何处所得（包括按政府规定所领取的补助）的累积收入仍低于国民最低生活标准，则可申请此项补助。政府工作人员根据他的需要加以计算后提供适当的补助金。有工作能力的人则必须到就业部的失业补助办公室登记后方能申请此项补助。

除此之外，尚有一些其他的福利措施，如丧葬补助，寡妇补助，低收入者临时补助，提供学校学生的免费食品，减少房租等。

不难看出，这一系列措施构成了一个严格的系统，保障了每一个英国公民"从摇篮到坟墓"都能过上一种不低于国民最低生活标准的较为安定的生活。

——陈晓律《英国福利制度的由来与发展》

三、福利共识

福利国家的基础是国有化政策，艾德礼在执政的六年中，共实施了 8 个与国有化相关的法律法令。实施国有化的行业主要是公用部门，如中央银行、民用航空、铁路、公路、电力等。另一些则是长期亏损的行业，如煤炭业、运河等。1948年，英国的国有化基本上告一段落。英国作为自由资本主义的发源地，"国有化"的实施是对其传统的观念的巨大冲击，这既意味着"社会主义"是一种可以接受的实践，同时也意味着资本主义也可以是不"自由"的。借助于凯恩斯的经济理论，保守党与工党达成了部分共识。

保守党接受了工党关于建立一个全方位的社会保障制度的理念，由此产生了英国政坛上的"共识政治"。由于两党执行同样的经济政策，保守党政府的财政大臣理查德·巴特勒和工党政府的财政大臣休·盖茨克尔两人的姓被合成了一个新词——巴特茨克尔主义，代表两党的"共识"。

1951 年，工党政府垮台，保守党的丘吉尔再次出任首相。自此，保守党一直执政到 1964 年。工党创建了福利国家，而维持它的却是保守党。保守党的经济政策在本质上和工党一致，即推行"混合经济"政策。在资本主义的英国，"计划"引导着经济发展的方向,税收调节着财富的分配,福利制度保障着民众最低的生活标准。

二战后的大约 20 年时间里,英国似乎已走进了一个"富裕社会"。

历史之音

20 世纪初,保守党议员中工人占 72%,使"工党"的性质显得非常突出。但从 20 世纪 40 年代起,情况就发生了很大的变化。保守党基本维持原样,工党工人出身的议员则逐步降到 40%、30%甚至 20%,专业人员的比例则上升到 30%—40%甚至近 50%。现在两党议员中最大的职业集团都是"专业人员"了。两党议员在文化程度方面的差距也逐渐缩小,1916 年(工党成立的那一年),保守党议员有 57%受过高等教育,工党则无一人,1979 年,受过高等教育的议员比例是保守党为 73%,工党为 57%,两党议员的社会经历和心理素质实际上都在接近。

——钱乘旦等《日落斜阳——20 世纪英国》

他们(英国人)理所当然地想到战后分享胜利果实,要求有较好的居住条件和较好的社会服务。如果为此需要继续实行计划和实行政府干预,他们也甘愿接受。

——阿伦·斯克德、克里斯·库克《战后英国政治史》

第三节 福利制度改革

20世纪70年代，福利制度也开始面临一些挑战，西方经济形势持续恶化，巨额的福利开支开始成为政府的沉重负担。此外，人口的老龄化趋势、社会的高失业率等社会问题也使得财政更为紧张。1979年，撒切尔夫人当选为英国首相，她上任后采取了一系列积极的经济措施，一定程度上改善了经济滞胀的局面。

一、 英国病

英国实行的"从摇篮到坟墓"的国家福利制度具有重要历史进步意义，但也暗藏了巨大的危机。从20世纪60年代后半期开始，英国经济发展停滞且物价飞涨，这一滞胀现象学界称之为"英国病"。

英国政府所提供的全面型社会福利制度是需要大量资金维持的，但经历了两次世界大战及经济危机的英国政府没有能力长期提供相应的资金，巨额的福利支出使得国家财政举步维艰。根据官方统计，1951年，英国的福利支出总额为20.74亿英镑，1982年这一数字增长到了685.1亿英镑。如果排除通货膨胀等因素，30年间，英国的福利支出大约增长了2.7倍，而同时期的英国国内生产总值仅增长了1倍。除此以外，随着英国的老龄人口比例不断上升，政府退休金、养老金和医疗保健费用支出也在不断地快速增长，这使得英国的财政开始捉襟见肘。为了维持高福利政策，政府不得不增加税收，税收的增加促动工资提高，而工资的提高又造成物价上涨，使福利开支进一步增长，最终只能再征更多的税。由此，英国经济雪上加霜，陷入了恶性循环。

沉重的税收负担使得广大企业主缺乏热情，而福利制度又过分强调公平而未注重效率。在这样的高福利制度下，人们即使没有工作也能享受政府的基本生活保障津贴，这导致一些民众宁可靠国家补助过日子也不愿努力找工作，滋长了懒惰和不思进取的思想。

历史之音

英国驻法大使汉德逊爵士对英国衰落的描写虽然悲凉但却符合实际："现今，你只需到西欧转一转，就会马上意识到，相形之下我国是多么贫穷和寒酸，我们的机场、我们的医院、我们的游乐场，没有一样有人家好……我们的衰落是众所周知的事实。……在法国，人们现今已把我们和病夫联系在一起，正如过去总是把我们和成就联系在一起一样。在许多公开的讲话中，英国竟然被当成一个不可模仿的样板。"

——刘成、刘金源、吴庆宏《英国：从称霸世界到回归欧洲》

在1976年工党年会上，接替威尔逊担任工党政府首相的卡拉汉发表了著名讲话："很长时间以来，甚至是从战后开始，我们忽视了英国社会和经济的变化，我们一直生活在借贷的时代里，依靠向国外借钱来保持我们的生活水平，而没有抓住英国经济的症结所在。我们下了使经济通货膨胀的一剂猛药，通常认为，通过凯恩斯需求管理理论，可以使英国经济走出萧条、扩大就业。但实践证明并不是这样，如果我们还坚持这个理论，必然导致经济的进一步膨胀，接下来就是更大程度的失业。"

——刘成、刘金源、吴庆宏《英国：从称霸世界到回归欧洲》

二、 撒切尔改革

1979年，撒切尔夫人当选为英国首相。为医治"英国病"，重振英国经济，撒切尔进行了大刀阔斧的改革。这位以强悍著称的首相一上台便抛弃了"共识政治"，推崇"新自由主义"，认为福利国家对公民社会具有破坏性，而自由市场是"永动机"，会给社会带来最大化的利益。在任期间，撒切尔以私有化、控制货币、削减福利开支、打击工会力量四大政策推进其改革。

在私有化方面，撒切尔政府认为英国工业日趋衰落的根源之一是企业国有化的比重过高。部分企业依赖国家投资，失去进取和冒险精神，企业内部机构臃肿，人员过剩，同时挤占了私人企业的资金。撒切尔执政不久后，就开始逐步出售国有企业。从1979年起，英国政府陆续出售国有企业给私人，其中包括英国航空公司、英国电信公司、英国钢铁公司等16家国营公司，出售总资产达200亿英镑。

在货币政策方面，撒切尔政府决定严格压缩公共开支。1980年3月，政府制定了一个"中期金融战略"，计划在4年内把政府的公共开支降低4％，严格控制财政赤字。在各种措施的共同作用下，英国的通货膨胀率从1979年的10.3％下降到1986年的3.4％。

在社会福利方面，撒切尔政府大刀阔斧地削减和取消各种补贴，涉及住房、医疗、失业、教育等方面。政府还宣布18岁以下的青年人、全日制学生、已婚的劳动妇女和领取私人退休金的提前退休者这些群体被取消获取补贴的资格。对于不积极寻找工作的失业者申请补助的情况，也采取了更加严厉的控制措施，对于拒绝参加失业培训和擅自离开工作岗位的人加以重罚。

在打击工会力量方面，撒切尔政府制定了一系列相关法律，使得罢工的组织和实施需经过工会会员的投票及复杂的法律程序的批准才能进行。1984年，煤矿工会发动了长达362天的罢工，撒切尔政府与煤矿工会摊牌谈判，最终获胜，工会的力量大大削弱。

可以说，撒切尔为英国社会下了一剂"猛药"。经过一段时间的适应和调整，从1983年开始，英国经济情况逐渐好转，1988年，英国的经济增长率超过了欧洲国家的平均水平，"猛药"见效了。保守党由此赢得了之后的两次大选，撒切尔夫人也成为了自1827年以来唯一一位连任三次的首相，更是20世纪英国在职时间最长的首相。撒切尔夫人政绩卓著，作风强硬，被称为"铁娘子"。但是，她治国政策基本遵循"扶富抑贫"，从长远角度看也不利于英国发展。1990年11月，保守党党内爆发冲突，最终导致撒切尔下台。福利制度的改革还有很长的路要走。

历史之音

社会有一个梯子和一张安全网,梯子用来供人们自己努力改善生活,安全网则用来防止人们跌入深渊。

——撒切尔

我的任务之一就是要扭转私人和国家之间被歪曲的关系,让市场作用重新成为英国经济的动力。

——撒切尔

撒切尔夫人代表了这个时代——也是任何时代——一桩伟大的成功事迹。她在1979年就任首相时,英国国势日衰,民气消沉,她主要凭她个性的力量——斗志昂扬,固执己见,甚至冷酷无情,从而促成了空前的经济转变。

——美国《读者文摘》对撒切尔的评论(1988年)

史学动态

一、 福利国家的起源

1948 年 7 月,英国首相艾德礼向全世界宣称英国建成了"从摇篮到坟墓"的福利国家。福利国家究竟起源于何时呢? 这是学术界一直存在争议的问题。国外的学者中存在多种观点,莫衷一是。伯奇(R. C. Birch)等把福利国家的起源上溯到都铎王朝末期,把社会政策与英国现代化所引起的贫困问题联系起来进行考察。弗雷泽(Derek Fraser)则认为福利政策的产生与工业革命有着某种内在的联系,因此他把探索的起点放在 18 世纪末至 19 世纪初,而把 1948 年作为发展的下限。海(J. R. Hay)关注的重点是劳工兴起后社会福利政策的变化,因而把 1880—1975 年这段时期作为自己考察的范围。[①] 我国学者陈晓律则认为,上述的分段方法都有自己的道理,英国社会政策的起源的确应上溯至都铎王朝末期。不过英国早期社会政策的主要形式——各类济贫法,很难与"福利"一词发生任何联系。真正意义上的福利国家的起源,应该从 19 世纪初开始。因为从那时起,英国的社会政策在各种因素的影响下才开始成为一种长期稳定的政策,并由纯粹的济贫发展成为一种较为全面的社会福利政策。这一根本的转变过程大致上到艾德礼工党政府期间完成。[②] 目前,国内学术界关于福利国家的起源这一问题的研究基本上沿用了陈晓律的观点,将其定位于 19—20 世纪之间。

二、 福利国家的成因

福利国家的成因问题是学术界一直关注的焦点问题。目前,国内学术界主要从福利国家产生的历史渊源、社会经济根源、理论基础等角度对这一问题进行探究。

---

① 转引自陈晓律:《英国福利制度的由来与发展》,南京大学出版社 1996 年版,第 3 页。
② 陈晓律:《英国福利制度的由来与发展》,南京大学出版社 1996 年版,第 4 页。

关于福利国家产生的历史渊源，国内学者普遍认为，现代福利国家的政策与早期的社会政策有很大的差异，但二者之间又有一定的渊源关系，现代的社会保障制度是过去社会政策的发展与完善。姜南认为，"以新旧济贫法为代表的早期济贫措施是英国政府对贫困等社会问题进行调控的最初尝试，目的是消除社会的不安定因素，但调控完全是应急性的，是纯粹的权宜之计。因此，济贫常常带有惩贫的性质，很难与福利一词联系起来，但它却是福利调控手段的重要起源"[①]。

关于福利国家产生的社会经济根源，丁建定认为，"英国经济和社会的发展变化是导致现代社会保障制度建立的根本原因，经济与社会的发展变化决定了社会问题的性质变化，社会问题原因和性质的变化决定了从济贫法制度向以社会保险制度为核心内容的社会保障制度转变的必然性"[②]。陈晓律在《英国福利制度的由来与发展》一书中通过大量的材料证明：工业化的迅速发展不仅没有自动地消除贫困这一社会疾病，相反，随着社会专业化趋势的加强，仅靠出卖体力为生的人的生活会变得日益艰难，甚至丧失依靠自己能力谋生的机会，社会贫富差距不断加大，由此产生了种种社会矛盾。而经济的进步无法自动消解这些社会矛盾，必须通过政府或者社会进行调节，建立起一种制度化的再分配机制，才能解决现代化过程中的种种矛盾。由此，陈晓律简单概括出了福利国家的本质："福利国家是传统农业社会向现代化工业社会转型过程中的必然产物。随着生产的社会化，原来主要由家庭、子女乃至领主承担的对个人生老病死一类的社会保障义务，终将逐步地由社会承担。生产的社会化需要个人保障体系的社会化，这是福利国家的本质。"[③]陈晓律的这一观点归纳了福利国家产生的时代背景、实质和必然性，得到了学术界的普遍认可。

关于福利国家产生的理论渊源，国内学者主要考察了费边社会主义、新自由主义等社会思潮，认为这些社会思潮的出现与流播为英国福利国家的建立奠定了理论基础。姜南指出，"费边社会主义主张通过政府干预实现社会改良，解决社会问题，并提出了著名的'国民最低生活标准'的概念。这个概念后来成为社会保障

---

① 姜南：《英国福利制度的演变及其调控作用》，《世界历史》1999 年第 4 期，第 40 页。

② 丁建定：《从济贫到社会保险：英国现代社会保障制度的建立(1870—1914)》，中国社会科学出版社 2000 年版，第 287 页。

③ 陈晓律：《英国福利制度的由来与发展》，南京大学出版社 1996 年版，第 7 页。

的一个基本原则",新自由主义则"认为国家行为是实现社会和谐的手段,国家应该为不能获得市场收入的人提供物质援助"。这些社会思潮的出现表明,"旧的惩贫式的调控方式走到了尽头,国家干预贫困问题提上了议事日程"。而后来出现的凯恩斯主义则"否定了资本主义经济体系可以自行调节的观点,为国家大规模干预经济,建立福利国家和全面的调控机制奠定了理论基础"。①

除上述的历史根源、社会经济根源及理论基础这三方面的因素,国内学者还考察了英国福利国家的产生与英国工人阶级间的关系。袁弋胭认为,"英国社会福利政策的逐步发展和完善,一定程度上是英国广大民众特别是工人阶级不懈斗争推动的结果"②。姜南也谈到,在统治者的眼中,工会和工人运动的发展是"危机四伏时期最大的危机"③,因此,英国的统治者要对当时的劳资关系以及相应的财富分配政策进行改革。

关于英国福利国家的成因这一问题的总结,袁弋胭认为应该在"社会文化传统、政治制度、经济制度、社会结构、占主导地位的意识形态等构成的社会背景中进行研究。只有了解了这些背景因素与这个国家的社会福利政策是怎样相互影响的,才可能对这个国家的社会福利政策有更深刻的了解,从而对其发展动因作出比较合理有效的解释"④。陈晓律也对英国福利国家产生的条件进行了综合概括,他认为福利国家是社会现代化发展到一定阶段的产物,福利国家的产生需要四个方面的基本条件:"第一,社会的生产力必须发展到一定的水平,能为构建福利国家提供必要的物质基础;第二,占主导地位的社会思潮赞成社会福利事业,并由此产生较为完整的理论政策,提供构建福利国家的蓝图与框架;第三,这种蓝图必须得到社会各利益集团和主要政党大体上的支持,取得政治与经济上的某种共识;第四,一个在此共识基础上产生的政府,它有能力并愿意将各种福利设想转变为具体的国家立法。"⑤

---

① 姜南:《英国福利制度的演变及其调控作用》,《世界历史》1999 年第 4 期,第 41—43 页。
② 袁弋胭:《从贫民救济到国家福利——英国社会福利政策历史透视》,云南师范大学硕士学位论文,2006 年,第 34 页。
③ 姜南:《英国福利制度的演变及其调控作用》,《世界历史》1999 年第 4 期,第 41 页。
④ 袁弋胭:《从贫民救济到国家福利——英国社会福利政策历史透视》,云南师范大学硕士学位论文,2006 年,第 6 页。
⑤ 陈晓律:《英国福利制度的由来与发展》,南京大学出版社 1996 年版,第 8 页。

三、 福利国家的发展历程

1941 年,为了战后的重建工作,英国政府组建了一个跨部门委员会就英国当时的社会保险状况和相关服务进行调查。在此调查的基础上,该委员会又吸收之前各种社会思潮的精华,于 1942 年向议会下院提交了一份调查报告,即《贝弗里奇报告》①。这份报告为战后英国福利国家的建设勾画了蓝图。国内学术界对这份报告的主要内容及影响进行了研究与分析。陈晓律根据这份报告的主要内容,概括了社会保障制度所应遵循的指导原则、基本任务、计划要点等。他认为,"《贝弗里奇报告》是一份较为完整的现代国家的福利蓝图,……报告的产生标志着英国福利思想的发展已完成了由理论向实际政策的过渡"②。丁建定在《英国社会保障制度的发展》一书中介绍了《贝弗里奇报告》的主要内容及其在英国的反响,并将贝弗里奇称为"西方福利国家之父"③。

根据《贝弗里奇报告》,1946 年,新上任的工党政府通过了《国民保险法》和《国民医疗保健服务法》。1948 年,政府又制定了《国民扶助法》,废除了历史悠久的《济贫法》。至此,工党政府正式宣布英国已经建成福利国家。之后英国政府对其福利政策不断进行增补与完善。"至 70 年代,英国已形成以国民医疗保健服务、社会保险和个别社会服务为支柱的极为完整的社会福利制度。一系列措施构成了一个严格的系统,保障了每一个英国公民'从摇篮到坟墓'都能过上一种不低于国民最低生活标准的较为安定的生活。"④国内学术界对这一时段英国福利政策的增补与完善进行了介绍与分析。一些学者着重关注了英国政党制度与福利国家建设之间的关系。孙洁主要从英国政党竞争和政党轮替的角度,分析了第二次世界大战结束以来英国社会福利制度的发展历程。她认为,在英国福利国家发展过程中,政党政治对福利制度的发展演变起了重要作用。"政党竞争不仅是社会政

---

① 此调查报告原名《社会保险及有关服务》,因调查委员会主席由牛津大学教授威廉·贝弗里奇先生担任,故又称《贝弗里奇报告》。
② 陈晓律:《英国福利制度的由来与发展》,南京大学出版社 1996 年版,第 126 页。
③ 丁建定:《英国社会保障制度的发展》,中国劳动社会保障出版社 2004 年版,第 92—106 页。
④ 陈晓律:《英国福利制度的由来与发展》,南京大学出版社 1996 年版,第 197 页。

策形成的机制,也是社会保障制度建立与福利国家改革的动力。……政党政治在福利国家中能够发挥一种调节和导向机制,引领福利制度理性发展。"①吴必康认为:"近代以来,英国执政党及其民生政策和理论,从济贫法到福利国家,有长期历史实践和经验教训,现象复杂,核心在于资本的利润追求与百姓的柴米油盐之间寻求社会利益关系的相对平衡。……英国各大政党的执政历史,也是为了维持资本的根本权益、维持民生底线的历史。"②

英国福利国家建设经历了战后近30年的发展,取得了一系列的成就,但也暴露出一些问题,如福利开支过大等。国内学界关注这些问题,并对英国政府针对这些问题的改革进行了研究,其中主要集中于撒切尔政府和布莱尔政府对福利政策的改革上。毛锐的《私有化与撒切尔政府的社会福利制度改革》③和谢峰的《英国工党的第三条道路述评》④就主要论述了英国政府面对福利国家的困境所采取的改革政策。

四、 福利国家的评价

关于福利国家的评价这一问题,国内学术界主要分析了福利国家的进步意义以及其所存在的局限性。姜南的研究主要强调了英国福利制度的社会调控价值与意义。她认为,社会福利制度"构成了一个社会'安全网',起到稳定社会、缓和社会矛盾的作用。在经济方面,社会福利制度的各种保障措施形成了一种独特的人力投资,确保了劳动力供应的数量和质量,并且增加社会需求,有利于经济发展。在政治方面,它在一定程度上防止社会动荡,平息社会不满,……减轻对现有制度的离心力"⑤。黄群超则主要指出了福利国家所存在的一些问题,比如福利制度日益庞大的开支使得政府财政赤字攀升,债台高筑,充分就业和扩大社会保障

---

① 孙洁:《英国的政党政治与福利制度》,商务印书馆2008年版,第281页。
② 吴必康:《英国执政党与民生问题:从济贫法到建立福利国家》,陈晓律主编:《英国研究(第1辑)》,南京大学出版社2009年版,第1页。
③ 毛锐:《私有化与撒切尔政府的社会福利制度改革》,《山东师范大学学报(人文社会科学版)》,2007年第7期。
④ 谢峰:《英国工党的第三条道路述评》,《国际政治研究》1999年第4期。
⑤ 姜南:《英国福利制度的演变及其调控作用》,《世界历史》1999年第4期,第46页。

支出难以兼顾,高福利、高补贴的社会保障措施使劳动者滋长依赖情绪等。[1] 陈晓律在《英国福利制度的由来与发展》一书中对英国福利国家的评价采取了辩证的分析方法。他指出:一方面,福利国家的出现是资本主义发展的必然趋势。福利国家的建立使国家通过财富再分配的大规模干预,为整个制度寻找到一个暂时的平衡点,缓解了社会发展中的矛盾。另一方面,福利国家的建立也产生了一系列新的问题,"首先是两个'动力真空',即企业家由于高额累进税和财产转移税而不愿投资的'动力真空'与工人工作积极性降低的'动力真空',而这两个'动力真空'的直接的后果是降低了生产效率从而危及支撑福利大厦的经济基础。另一个突出问题则是福利开支与日俱增"[2]。

---

[1] 黄群超:《试析战后英国"福利国家"的困境》,《历史教学问题》2000 年第 3 期,第 37 页。
[2] 陈晓律:《英国福利制度的由来与发展》,南京大学出版社 1996 年版,第 209 页。

教学撷英

一、《伊丽莎白济贫法》出现的背景是什么？

师：《伊丽莎白济贫法》出现在 15、16 世纪之交，是中世纪社会保障史上的一件大事。它的出现被认为是第一次以国家立法实施的社会保障。这部法也反映了当时英国社会的变化。请根据以下一组材料分析其出台的背景和原因。

圈地运动是造成大量乞丐和流浪者的基本原因。

——英国哲学家培根

1500—1600 年圈地面积占土地总面积的 2％，1600—1760 年有 28％的土地被圈占，1760—1914 年有 20％的土地被圈占。

——陈曦文《英国 16 世纪经济变革与政策研究》

英国工人名义上的日工资由 6 便士增加到 12 便士，而实际购买力下降 50％。

1552 年纺织品滞销，由伦敦出口的纺织品从 1550 年的 13.3 万匹下降到 8.5 万匹。

修道院解散前，有 1/3 什一税是修道院用以维持贫民生活的，在这里被赈济的贫民有 8.8 万人以上，他们必须想法去维持生活。修士、修女、仆人也被迫离开，产生新一批贫民。

1517 年疟疾夺走伦敦 1 万多人的性命，牛津几乎没有人烟。1579—1580 年，诺里奇至少 1/3 的人感染瘟疫死亡。1597年,达勒姆主教向博雷勋爵说道,北方各郡瘟疫横行,8000亩耕地只有1%在耕种,卖粮食者开始买粮食,佃户无租可交。

——张峰《试论伊丽莎白济贫法出台背景因素分析》

生甲:从材料所提供的信息可以得知,圈地运动使大量农民离开土地,而手工工场又不能吸纳所有的人,所以产生了大量的流浪者,这些人成了影响社会安定的因素,不得不由政府出面应付。

生乙:修道院被解散,和英国的宗教改革有关,国王没收大批教会的财产,使得原来接受教会救济的人群没有了依靠,没有收入的修女、修士还因此成了新的贫困人群,这也是政府要出面解决的问题。

师:工人工资上涨但是购买力下降,为什么?

生丙:这个大概和15世纪地理大发现后的价格革命有关吧。大量黄金白银流入欧洲,欧洲的人口也在增长,以致当时的物价飞涨,形成一定的社会危机。

生丁：我觉得流行病的传播也是重要原因。流行病不仅容易导致大量人口死亡,也会造成农业生产的停滞,导致粮食不够,灾荒加剧,流浪人群四处乞讨,对政府而言是很大的压力,进行救济和赈灾是政府的责任。

师：圈地运动、经济变革、英国的政治和社会的变化,比如宗教改革、疾病流行和农业歉收,都是《伊丽莎白济贫法》出台的背景。英国都铎政府第一次以国家立法的形式介入贫困救济,救济措施也从最初惩贫为主转向惩贫和救济相结合,这是社会保障历史进程中的一个飞跃,具有重大意义。

二、《贝弗里奇报告》对于现代社会保障制度的启示有哪些?

师：第二次工业革命以后,英国经济迅速发展,但是在以传统的棉纺织业为主的蒸汽时代向以重工业为主的电气时代转型的过程中,很多积累的社会问题集中爆发。根据你们所学的知识,能列举一些吗?

生甲：比如环境问题,工业带来的污染严重,伦敦的"雾都"称号就来自于此。

161

生乙：还有社会的贫富差距加大，阶级矛盾由此更加尖锐。

生丙：1929 年世界经济危机爆发，很多资本主义国家的失业现象严重，英国也不例外。这更会加剧社会矛盾。

师：大家都说得很好。针对日益尖锐的社会矛盾，英国政府开始了社会保障体系的建设。1834 年颁布新《济贫法》，1897 年颁布《劳工伤害赔偿法》，1908 年颁布《养老金法》，1911 年颁布《国民保险法》和《伤残保险法》，1934 年颁布《失业保险法》。1942 年《贝弗里奇报告》颁布，英国政府进一步提出了建立福利国家的设想，使社会保障的范围得到了延伸。请你们阅读《贝弗里奇报告》的相关内容，归纳其主要思想。

生甲：这份报告里说"完善国家保险制度，国家要为中断或丧失谋生能力者提供生活保障"，我觉得社会保障制度的基本精神应该是解决贫困，保障基本生活。

生乙：从《贝弗里奇报告》的相关内容看，它所设想的社会保障机制，强调了国家和政府的责任，同时也鼓励个人参与社会保障制度的建设，国家和个人合作是一种比较良好的状态。

生丙：所给的材料里有"失业一方面增加了保险待遇支出，另一方面又减少了社会保险的缴费收入，是一种最严重的浪费"，可以看出，贝弗里奇提倡通过解决就业问题，让大多数人有工作，以此作为社会保障体系顺利运作的一个基础。不过我也从新闻中了解到，现在英国有不少年轻人依赖于完善的社会福利，不愿意工作，不知道这个现象应该怎么看待。

师：英国建成"福利国家"后，又产生了很多新的问题，这个我们等会儿来讨论。《贝弗里奇报告》中，还有扩大社会保障覆盖对象范围、扩大风险覆盖范围、提高待遇标准等内容，对此，大家怎么看？

生丁：材料里有提示，这是"普遍保障"的概念，比之前学习的《伊丽莎白济贫法》的理念要先进很多，这里是涉及所有公民的保障制度，体现了社会公平的理念。

师：《贝弗里奇报告》发表后引起了英国舆论的强烈反响，
　　受到了英国大多数民众的拥护和英国工会的支持。
　　在强大的民意压力之下，英国议会下院最终通过了
　　《贝弗里奇报告》。1944 年，英国政府开始着手制定
　　各项社会保障制度的改革计划，1945 年，随着二战的
　　结束和工党上台，英国的社会保障制度改革在《贝弗
　　里奇报告》的指导下开始实施，《家庭补贴法案》《国民
　　保健法》《国民保险法》《儿童法》《国民救助法》陆续出
　　台，英国福利国家制度逐渐形成。
　　虽然《贝弗里奇报告》并不完善，但是其消除贫困、社
　　会公平、普遍保障、充分就业的思想，成为了现代社会
　　福利制度的基础，开启了社会保障制度发展史的新时
　　代。二战后资本主义经济所经历的黄金发展时期，除
　　了科学技术因素的推动作用外，在一定程度上还要归
　　功于《贝弗里奇报告》所带来的社会、政治稳定和有效
　　需求增加。

主要参考文献

一、专著

1. 钱乘旦,许洁明.英国通史[M].上海:上海社会科学院出版社,2002.

2. 王斯德.世界通史[M].上海:华东师范大学出版社,2005.

3. 程汉大.英国政治制度史[M].北京:中国社会科学出版社,1995.

4. 斯塔夫里阿诺斯.全球通史:从史前史到21世纪[M].吴象婴,梁赤民,董书慧,等译.北京:北京大学出版社,2006.

5. 马歇尔.剑桥插图大英帝国史[M].樊新志,译.北京:世界知识出版社,2004.

6. 中央电视台《大国崛起》节目组.大国崛起:英国[M].北京:中国民主法制出版社,2006.

7. 贺桂金.你知道或不知道的英国史[M].北京:同心出版社,2013.

8. 蔡永良,祝秋利,颜丽娟.英吉利文明[M].上海:上海三联书店,2014.

9. 郭文钠.图说天下:英国[M].北京:北京联合出版公司,2014.

10. 艾伦.近代英国工业革命揭秘:放眼全球的深度透视[M].毛立坤,译.杭州:浙江大学出版社,2012.

11. 罗纳德.海盗女王:伊丽莎白一世和大英帝国的崛起[M].张万伟,张文亭,译.北京:中信出版社,2009.

12. 斯特雷奇.维多利亚女王传[M].薛诗绮,译.上海:东方出版中心,1997.

13. 吴以义.科学从此成为科学:牛顿的生平与工作[M].上海:复旦大学出版社,2014.

14. 杰克曼,唐尼.牛顿 笛卡尔[M].刘彬,赵廷,王煜,译.大连:大连理工大学出版社,2012.

15. 蒋多.牛顿传[M].合肥:安徽文艺出版社,2012.

16. 卡内基.瓦特传:工业革命的旗手[M].王铮,译.南昌:江西教育出版社,2012.

二、论文

17. 王建.第二次世界大战与英帝国的衰落[D].兰州:西北师范大学,2012.

18. 段媛媛. 自由与帝国——19 世纪英国外交政策的悖论[D]. 武汉：武汉大学, 2006.

19. 柳棣, 秦阳. 温莎家族建立了"日不落帝国"[J]. 环球人物, 2009(35):28—31.

20. 程汉大. 论 11—12 世纪英国封建集权君主制[J]. 史学月刊, 1997(3):97—104.

21. 胡康大. 英国议会权力的转移及其特点[J]. 西欧研究, 1991,9(4):21—27.

22. 程汉大.《大宪章》与英国宪法的起源[J]. 南京大学法律评论, 2002(18): 14—29.

23. 阎照祥.《大宪章》的重读和思考[J]. 历史教学(中学版), 2011(5):3—8.

24. 葛会伟. 简述英国议会的起源及其制度变迁[J]. 和田师范专科学校学报, 2008(1): 215—216.

25. 阎照祥. 英国议会的产生及其原因[J]. 历史教学(中学版), 2012(9):63—67.

26. 洪永珊. 1867 年英国第二次议会改革[J]. 南昌大学学报(人文社会科学版), 1983,14 (4):81—85.

27. 李富森. 1884 年英国第三次议会改革论析[J]. 渭南师范学院学报, 2012(9):103—106.

28. 阎照祥. 1832 至 1868 年英国责任内阁制的确立[J]. 河南大学学报(社会科学版), 1990 (4):92—100.

29. 李军, 张怀印. 英国 1867 年改革法述评[J]. 福建论坛(社科教育版), 2008(6):58—61.

30. 刘金源. 论近代英国政党政治的兴起[J]. 史学月刊, 2009(11):83—91.

31. 阎照祥. 论英国近代政治制度发展的渐进性和多元性[J]. 河南大学学报(社会科学版), 1985,25(4):143—148.

32. 刘杰. 试论英国两党制度的形成[J]. 辽宁教育学院学报, 1992,9(2):15—19.

33. 江宗植. 英国两党制的起源和发展[J]. 四川师范学院学报(哲学社会科学版), 1994(5): 77—81.

34. 阎照祥. 英国三大政党演变脉络[J]. 历史教学(中学版), 2012(4):67—72.

35. 张贵霞. 试论英国工党取代自由党的历史必然性[J]. 山东省农业管理干部学院学报, 2003(3):96—97.

36. 姚虹. 从"查理二世国王奖"说开去[J]. 历史教学(中学版), 2011(10):35—37.

37. 李德志. 略论英国女王伊丽莎白一世的历史作用[J]. 史学集刊, 1991(2):53—58.

38. 高汝东, 张玉珀. 工业革命与英国城市污染[J]. 中学历史教学参考, 2003(5):7—8.

39. 刘金源. 工业化时期英国城市环境问题及其成因[J]. 史学月刊, 2006(10):50—57.

40. 李宏图. 英国工业革命时期的环境污染和治理[J]. 探索与争鸣, 2009(2):60—64.

41. 黄光耀, 刘金源. 成功的代价——论英国工业化的历史教训[J]. 求是学刊, 2003(4): 116—120.

42. 刘金源. 论近代英国工厂制的兴起[J]. 探索与争鸣, 2004(1):83—89.

43. 庄解忧. 英国工业革命时期童工的作用与地位[J]. 厦门大学学报(哲学社会科学版), 1981(4):103—111.

44. 程中培.《贝弗里奇报告》的社会保障思想与启示[J]. 湖北文理学院学报, 2016, 37(6): 33—38.

45. 张峰. 试论伊丽莎白济贫法出台背景因素分析[J]. 法制博览, 2017(17):98—99.

46. 施京吾.《大宪章》八百年[N]. 中国经营报, 2015 - 06 - 15(1).

47. 孟广林.《大宪章》的历史底蕴[N]. 光明日报, 2015 - 08 - 29(11).

48. 陈晓律, 李阳. "光荣革命"以后的英国政治结构[N]. 文汇报, 2012 - 08 - 06(C).